CONTEÚDO DIGITAL PARA ALUNOS
Cadastre-se e transforme seus estudos em uma experiência única de aprendizado:

1 Entre na página de cadastro:
https://sistemas.editoradobrasil.com.br/cadastro

2 Além dos seus dados pessoais e dos dados de sua escola, adicione ao cadastro o código do aluno, que garantirá a exclusividade do seu ingresso à plataforma.

2517962A2969275

3 Depois, acesse: https://leb.editoradobrasil.com.br/
e navegue pelos conteúdos digitais de sua coleção :D

Lembre-se de que esse código, pessoal e intransferível, é valido por um ano. Guarde-o com cuidado, pois é a única maneira de você acessar os conteúdos da plataforma.

Vilza Carla

TIC-TAC
É tempo de aprender

2

Educação Infantil

LIVRO INTEGRADO

Linguagem — Matemática — Natureza — Sociedade

Editora do Brasil

4ª Edição
São Paulo, 2020

Dados Internacionais de Catalogação na Publicação (CIP)
(Câmara Brasileira do Livro, SP, Brasil)

Carla, Vilza
　　Tic-tac : é tempo de aprender : linguagem, matemática, natureza, sociedade : livro integrado : educação infantil 2 / Vilza Carla. -- 4. ed. -- São Paulo : Editora do Brasil, 2020.

　　ISBN 978-85-10-08310-2 (aluno)
　　ISBN 978-85-10-08311-9 (professor)

　　1. Linguagem (Educação infantil) 2. Matemática (Educação infantil) 3. Natureza (Educação infantil) 4. Sociedade (Educação infantil) I. Título.

20-38107　　　　　　　　　　　　CDD-372.21

Índices para catálogo sistemático:

1. Ensino integrado : Livros-texto : Educação infantil　372.21

Maria Alice Ferreira - Bibliotecária - CRB-8/7964

4ª edição / 6ª impressão, 2024
Impresso no Parque Gráfico da FTD Educação

Avenida das Nações Unidas, 12901
Torre Oeste, 20º andar
São Paulo, SP – CEP: 04578-910
Fone: +55 11 3226-0211
www.editoradobrasil.com.br

© Editora do Brasil S.A., 2020
Todos os direitos reservados

Direção-geral: Vicente Tortamano Avanso

Direção editorial: Felipe Ramos Poletti
Gerência editorial: Erika Caldin
Supervisão de arte: Andrea Melo
Supervisão de editoração: Abdonildo José de Lima Santos
Supervisão de revisão: Dora Helena Feres
Supervisão de iconografia: Léo Burgos
Supervisão de digital: Ethel Shuña Queiroz
Supervisão de controle de processos editoriais: Roseli Said
Supervisão de direitos autorais: Marilisa Bertolone Mendes

Supervisão editorial: Carla Felix Lopes
Edição: Jamila Nascimento e Monika Kratzer
Assistência editorial: Beatriz Pineiro Villanueva
Auxílio editorial: Marcos Vasconcelos
Especialista em copidesque e revisão: Elaine Cristina da Silva
Copidesque: Gisélia Costa, Ricardo Liberal e Sylmara Beletti
Revisão: Amanda Cabral, Andréia Andrade, Fernanda Almeida, Fernanda Sanchez, Flávia Gonçalves, Gabriel Ornelas, Jonathan Busato, Mariana Paixão, Martin Gonçalves e Rosani Andreani
Pesquisa iconográfica: Lucas Alves
Assistência de arte: Daniel Souza
Design gráfico: Patrícia Lino
Capa: Patrícia Lino
Imagem de capa: Maria Kriadeira Ateliê/ Bianca Lemos Fotografia
Ilustrações: Ana Terra, Camila de Godoy, Camila Sampaio, Carolina Sartório, Conexão, Janete Trindade, Lorena Kaz, Mauricio Negro e Silvana Rando
Editoração eletrônica: Viviane Ayumi Yonamine
Licenciamentos de textos: Cinthya Utiyama, Jennifer Xavier, Paula Harue Tozaki e Renata Garbellini
Controle de processos editoriais: Bruna Alves, Carlos Nunes, Rita Poliane, Terezinha de Fátima Oliveira e Valéria Alves

Silvana Rando

Criança, meu amor,

Este livrinho é todo seu. Ele está cheinho de brincadeiras prazerosas e motivadoras que ajudarão você a compreender o mundo a sua volta e a perceber como é agradável e divertido aprender!

Com ele, você poderá interagir e brincar com os colegas e com o professor de várias formas: cantando, jogando, desenhando, pintando, divertindo-se com as cantigas, parlendas, quadrinhas, poemas, adivinhas, trava-línguas e muito mais.

Os conteúdos integrados, com temas abrangentes e relacionados a seu dia a dia, favorecerão sua aprendizagem, seu desenvolvimento e sua socialização. E isso com certeza será motivo de muita alegria para você e para todos que torcem por seu sucesso! Legal demais, não é?

Agora, vamos brincar, vamos?

Vilza Carla

**TIC-TAC – É Tempo de Aprender
é a coleção mais querida do Brasil!**

VILZA CARLA

⭐ Formada em Pedagogia com habilitação em Orientação Educacional.

⭐ Pós-graduada em Psicopedagogia.

⭐ Vários anos de experiência no trabalho com crianças em escolas das redes particular e pública da Educação Infantil e do Ensino Fundamental I.

⭐ Autora da **Coleção Tic-tac – É Tempo de Aprender** (versão integrada e versão seriada), da Editora do Brasil, destinada a crianças da Educação Infantil.

⭐ Coautora da **Coleção Essa Mãozinha Vai Longe – Caligrafia**, da Editora do Brasil, destinada a crianças de Educação Infantil e do Ensino Fundamental (1º ano ao 5º ano).

Para todas as crianças do Brasil!

Um poema para as crianças

Caramba!
Como é demais
Ser criança.
A gente pula,
Corre, cai, levanta,
Vai e volta,
E nunca se cansa.

Ah! Ah! Ah!
Como é bom ser criança!
[...]
Puxa!
Como é legal
Ser criança.
A gente bate a cabeça,
Corta o dedão,
Esfola o joelho,
Machuca o bumbum,
E nunca descansa.

Ai! Ui! Ai!
Como é bom ser criança!

Lalau. **Hipopótamo, batata frita, nariz: tudo deixa um poeta feliz!**
São Paulo: DCL, 2009. p. 23.

SUMÁRIO

Linguagem 7

Matemática 149

Natureza 255

Sociedade 289

Datas comemorativas 331

Ficha individual de observação 367

"Tem-se grande trabalho em procurar os melhores métodos para ensinar a ler e escrever. O mais seguro de todos eles, de que sempre se esquece, é o desejo de aprender. Dê a ele esse desejo e abandone dados e tudo mais, e qualquer método será bom."

Jean-Jacques Rousseau

É tempo de Linguagem

> Rei, capitão,
> Soldado, ladrão.
> Moça bonita
> Do meu coração.
>
> Parlenda.

SUMÁRIO

Cantiga de roda	Família do **B** 70
Parlenda	Família do **C** 74
Quadrinha popular	Família do **D** 78
Poema	Família do **F** 82
Trava-língua	Família do **G** 86
Chula de palhaço	Família do **H** 90
Adivinha	Família do **J** 94
Atividades preparatórias 9	Letra **K** 96
Coordenação motora	Família do **L** 99
Orientação espacial	Família do **M** 103
Análise e síntese	Família do **N** 107
Atenção e memória visual	Família do **P** 111
Atenção e memória auditiva	Família do **Q** 115
As vogais minúsculas 27	Família do **R** 119
Revisando as vogais minúsculas 42	Família do **S** 123
As vogais maiúsculas 47	Família do **T** 127
Revisando as vogais maiúsculas 57	Família do **V** 131
Juntando as vogais 59	Letra **W** 133
Revisando os encontros de vogais 65	Família do **X** 136
As consoantes e suas famílias silábicas 68	Letra **Y** 138
	Família do **Z** 141
	Revisando as consoantes e as famílias silábicas 143
	Alfabeto minúsculo 148

Atividades preparatórias

— Você já conhece a cantiga **A canoa virou**?

Cante-a com os colegas e complete-a com seu nome. Depois, pinte a canoa e circule a criança que melhor representa você na imagem.

A canoa virou
Quem deixou ela virar
Foi por causa do(a) _____
Que não soube remar.

Cantiga.

Carolina Sartório

— **Vamos brincar com a chula de palhaço?**

Acompanhe a leitura do professor e leve o palhaço até os balões ligando os pontinhos coloridos. Depois, pinte os balões.

Olê-lê, seu Tomás
Vai pra frente e vai pra trás.
Olê-lê, dona Chica
Remexe a canjica.
Olê-lê, seu Botelho
Requebra o joelho.

Chula de palhaço.

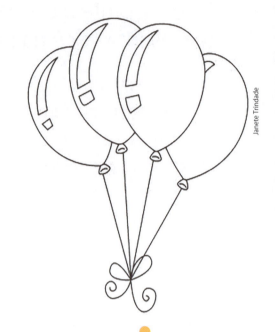

— Você gosta de histórias com animais?

Ouça a história **Os três porquinhos** que o professor lerá.

— Quais personagens aparecem na história?
— Como era a casa de cada porquinho?

Ligue cada porquinho a sua casa. Depois, circule o porquinho que construiu a casa mais resistente.

— **Você gosta de brincar de adivinhas?**

 O que é, o que é? Desenhe cada resposta.

Sou redonda, redondinha.
No futebol sou a rainha.

Bebe leite
E não toma café.
Fica no telhado
E não é chaminé.

Ouça e aprenda a parlenda. Depois, circule as figuras que aparecem nela.

**Fui à feira comprar uva
Encontrei uma coruja
Pisei no rabo dela
Ela me chamou de cara suja.**

Parlenda.

Muitos cachorros gostam de brincar com bolinhas.

 Cubra os tracejados para encontrar a bolinha que pertence a cada cachorro.

— **Veja, Vivi! O que ela está fazendo?**
— **Quais são os brinquedos dela?**

Observe a cena e, com os colegas, invente uma cantiga para Vivi. Depois, pinte os brinquedos dela.

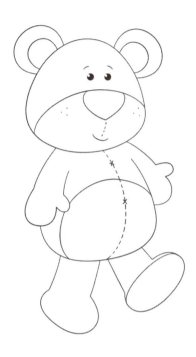

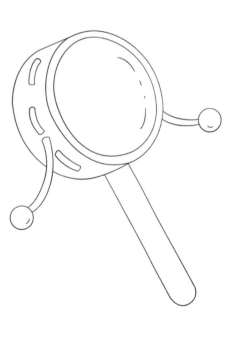

— A qual ursinho pertence cada parte?

 Observe as figuras e ligue cada parte ao urso correspondente.

— **Vamos brincar de trava-língua?**

 Ouça e repita o trava-língua.

 Depois, cubra os tracejados no corpo dos dois tigres e desenhe listras no corpo do último tigre.

Três tigres tristes no trigal.

Trava-língua.

Miguel está brincando com um ioiô.
— O que aconteceu antes? E depois?

Recorte da página 19 as cenas que completam essa história e cole-as na sequência correta.

— **Você sabe o nome destes animais?**

Trace o movimento dos animais. Depois, circule aquele que salta mais alto.

Maria vai brincar no escorregador.

Trace com um lápis o caminho que ela deve seguir. Depois, cole pedacinhos de papel sobre a linha que você traçou.

— Você também gosta desse brinquedo?

Observe as sombras no quadro e faça um **X** nos donos delas.

— O que mais chama a sua atenção nesta obra de arte?

Observe a obra **Gato Azul**, de Aldemir Martins, e converse sobre ela com os colegas.

Aldemir Martins. **Gato Azul**, 2003. Acrílica sobre tela, 81 cm × 60 cm.

Faça uma releitura do quadro **Gato Azul**. Depois, apresente sua obra aos colegas e ao professor.

— **Vamos brincar de rimar?**

Escute cada frase e pinte o desenho cujo nome completa a rima.

– Lá vai Rebeca brincar com sua...

– Lá vai João tocar seu...

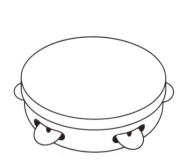

As vogais minúsculas

a de abelha

 Cubra o tracejado da vogal a.

   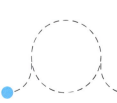

Cubra o tracejado da vogal a.

 Depois, escreva essa vogal diversas vezes no avião e pinte-o como desejar.

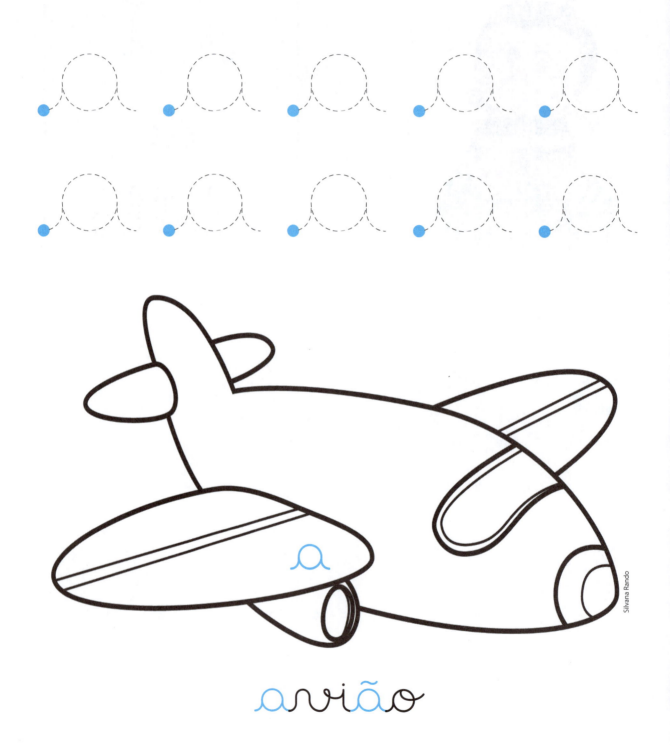

avião

— Com qual vogal começa essa palavra?

Pinte as figuras e as vogais a que encontrar no nome delas.

 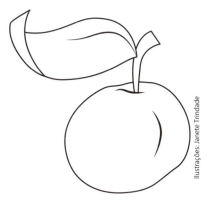

aranha acerola

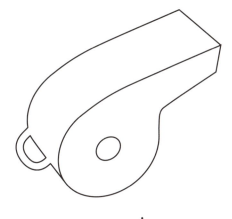 

apito anel

 Copie a vogal a.

 _____ _____ _____

 _____ _____ _____

ℓ de elefante

🤡 Cubra o tracejado da vogal ℓ.

 Cubra o tracejado da vogal *e*.

 Depois, escreva essa vogal diversas vezes no esquilo e pinte-o como desejar.

esquilo

— Com qual vogal começa essa palavra?

🤡 **Pinte as figuras e as vogais *e* que encontrar no nome delas.**

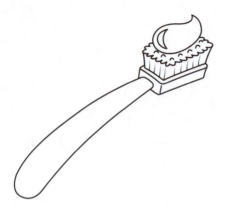

escova

estrela

ema

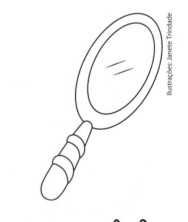

espelho

 Copie a vogal *e*.

e _____ _____ _____ _____

e _____ _____ _____ _____

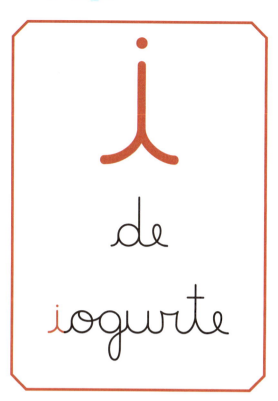

i
de
iogurte

🤡 Cubra o tracejado da vogal i.

  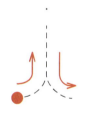 

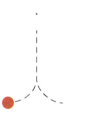 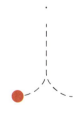  

 Cubra o tracejado da vogal i.

 Depois, escreva essa vogal diversas vezes na igreja e pinte-a como desejar.

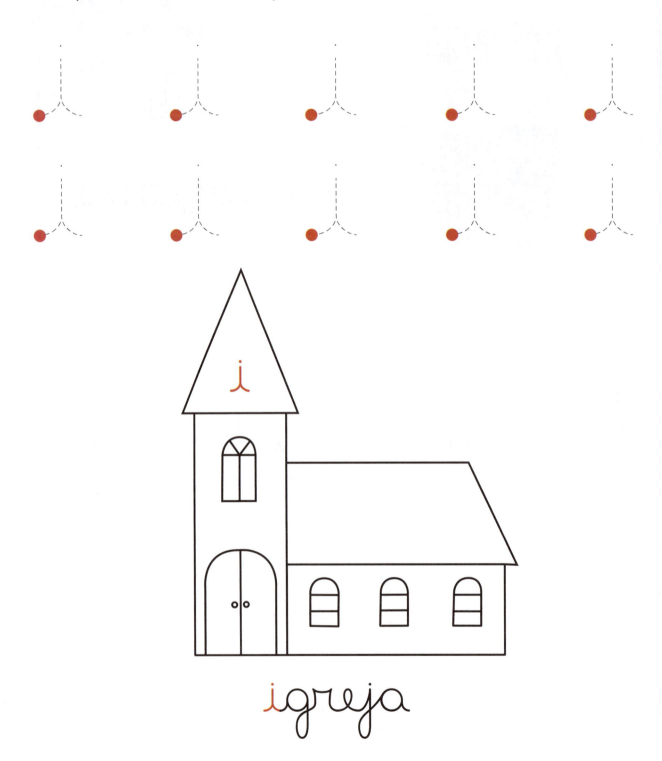

— Com qual vogal começa essa palavra?

Pinte as figuras e as vogais i que encontrar no nome delas.

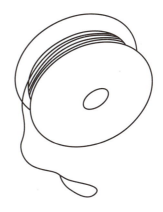

idosa

ioiô

índio

igreja

 Copie a vogal i.

i _____ _____ _____ _____

i _____ _____ _____ _____

O de ovelha

🤡 Cubra o tracejado da vogal o.

36

 Cubra o tracejado da vogal o.

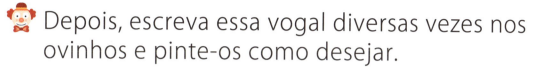 Depois, escreva essa vogal diversas vezes nos ovinhos e pinte-os como desejar.

— **Com qual vogal começa essa palavra?**

Pinte as figuras e as vogais o que encontrar no nome delas.

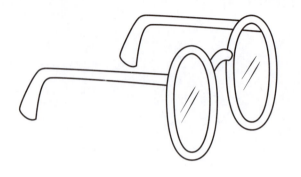

óculos   ostra

orelhas   orquídea

Copie a vogal o.

🤡 Cubra o tracejado da vogal u.

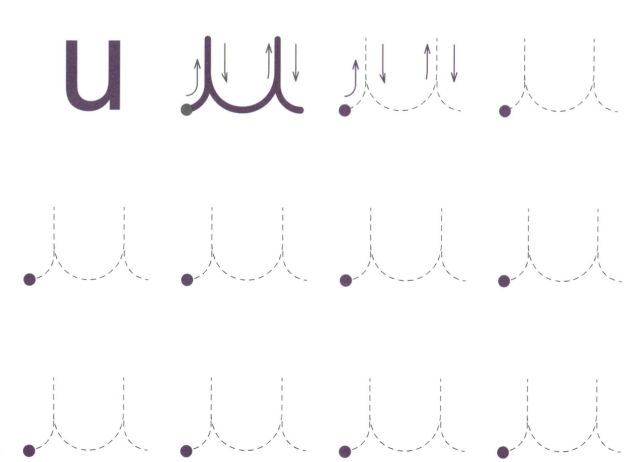

39

 Cubra o tracejado da vogal u.

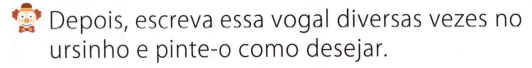 Depois, escreva essa vogal diversas vezes no ursinho e pinte-o como desejar.

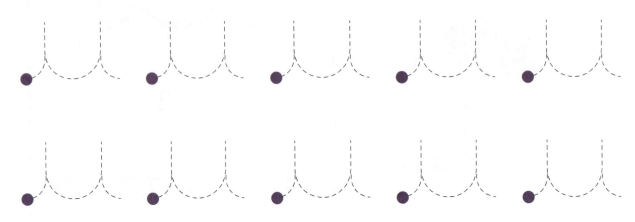

urso

— Com qual vogal começa essa palavra?

Pinte as figuras e as vogais u que encontrar no nome delas.

urubu

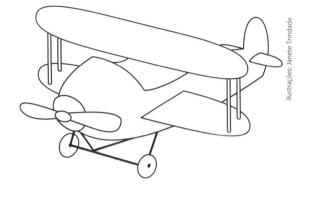

ultraleve

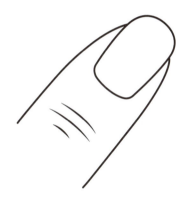

unha

uniforme

 Copie a vogal u.

u ___ ___ ___ ___

u ___ ___ ___ ___

Revisando as vogais minúsculas

 Fale o nome de cada figura e escreva nas linhas a primeira letra dessas palavras.

  ____nel

  ____strela

  ____oiô

  ____́culos

  ____rso

🤡 Pinte na parlenda as vogais minúsculas que encontrar, de acordo com a legenda.

a e i o u

Galinha choca
Comeu minhoca,
Saiu pulando
Que nem pipoca.

Parlenda.

— **Com qual letra começa o nome de cada imagem?**

🤡 Cubra o tracejado das vogais.

🤡 Fale o nome dos bichinhos. Depois, circule a letra inicial do nome de cada um deles.

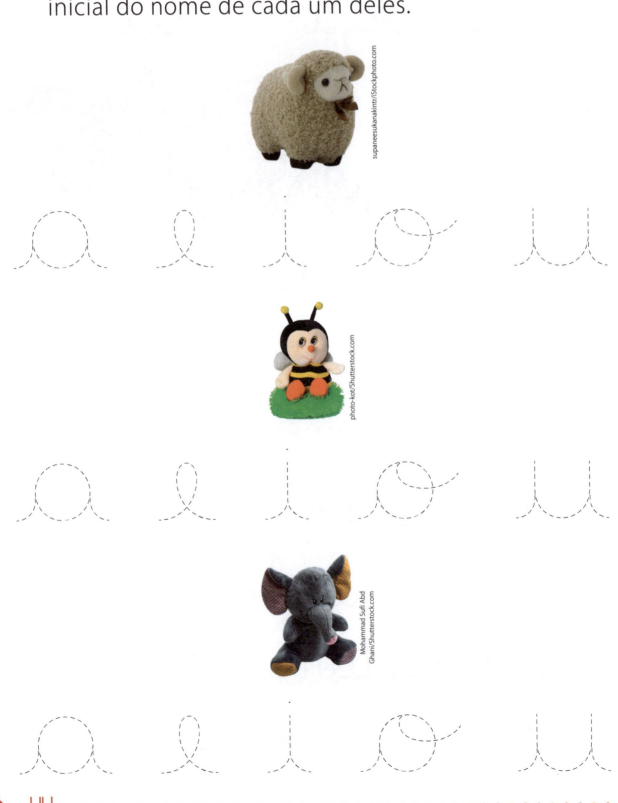

Complete as faixas com as vogais que faltam.

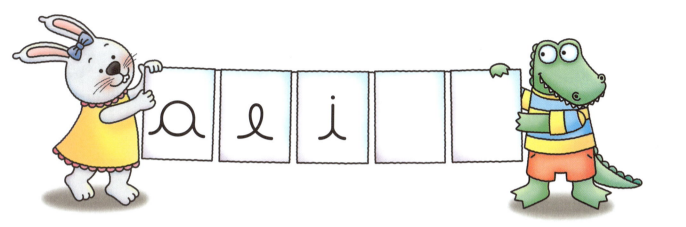

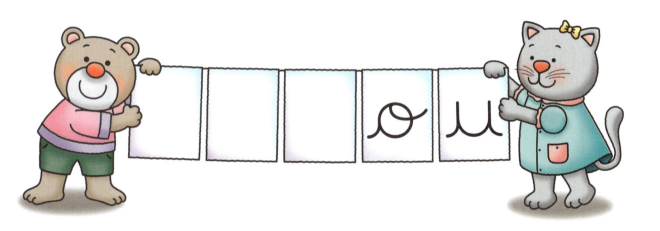

🤡 Recorte as vogais de revistas, jornais ou panfletos e cole-as no quadro indicado.

As vogais maiúsculas

Esta é Alice!

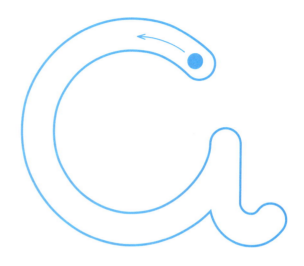

 Trace a vogal a acima com giz de cera.

 Cubra o tracejado das vogais começando pelo pontinho.

Complete o nome com a vogal a e faça um desenho para ilustrá-lo.

Artur

___rtur

Escreva a vogal a maiúscula.

Este é Erik!

🤡 Trace a vogal Ɛ acima com giz de cera.

🤡 Cubra o tracejado das vogais começando pelo pontinho.

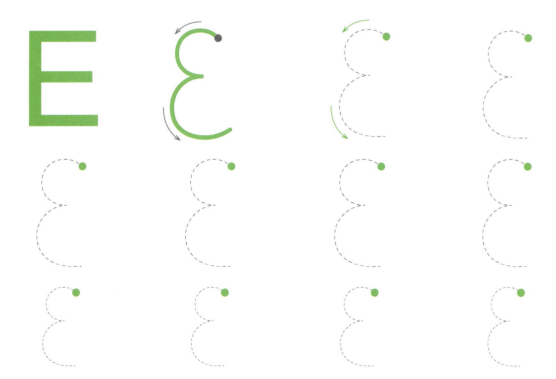

🤡 Complete o nome com a vogal Ɛ e faça um desenho para ilustrá-lo.

Eva

____va

🤡 Escreva a vogal Ɛ maiúscula.

Ɛ				

Esta é Isabela!

🤡 Trace a vogal *I* acima com giz de cera.

🤡 Cubra o tracejado das vogais começando pelo pontinho.

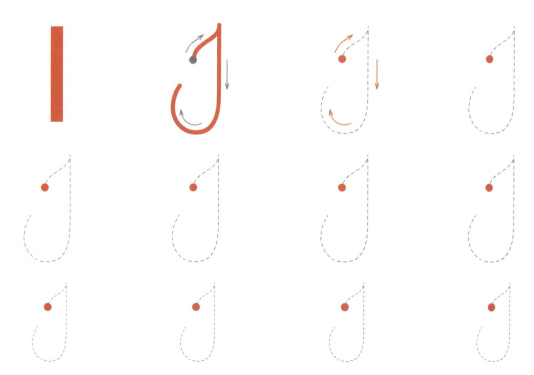

🤡 Complete o nome com a vogal I e faça um desenho para ilustrá-lo.

Ivo

____vo

🤡 Escreva a vogal I maiúscula.

I				

Este é Otávio!

🤡 Trace a vogal O acima com giz de cera.

🤡 Cubra o tracejado das vogais começando pelo pontinho.

🤡 Complete o nome com a vogal O e faça um desenho para ilustrá-lo.

Olga

___lga

🤡 Escreva a vogal O maiúscula.

O

Esta é Úrsula!

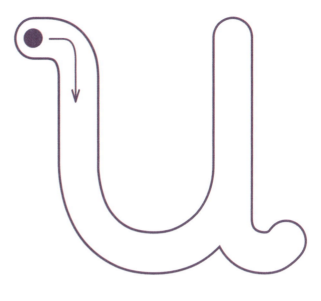

🤡 Trace a vogal U acima com giz de cera.

🤡 Cubra o tracejado das vogais começando pelo pontinho.

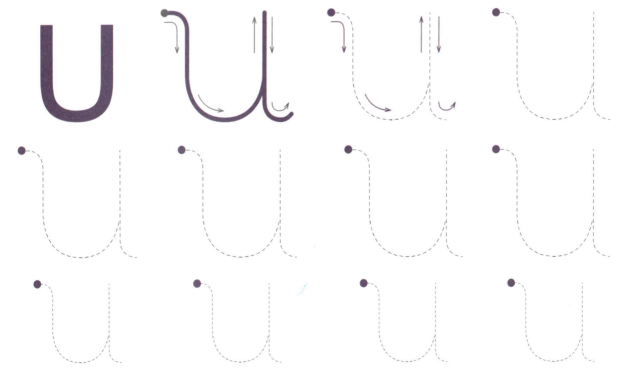

👹 **Complete o nome com a vogal U e faça um desenho para ilustrá-lo.**

Uriel

____riel

👹 **Escreva a vogal U maiúscula.**

Revisando as vogais maiúsculas

Zeca quer pescar apenas os peixinhos que mostram uma vogal maiúscula.

 Pinte de **amarelo** os peixinhos que o menino pescará. Depois, ligue cada vogal maiúscula a sua correspondente minúscula.

— **Qual é o pote de cada ursinho?**

Ligue cada ursinho ao pote de mel que lhe pertence. Para isso, observe as vogais. Depois, recorte as vogais de jornais e revistas e cole-as nos respectivos quadrinhos.

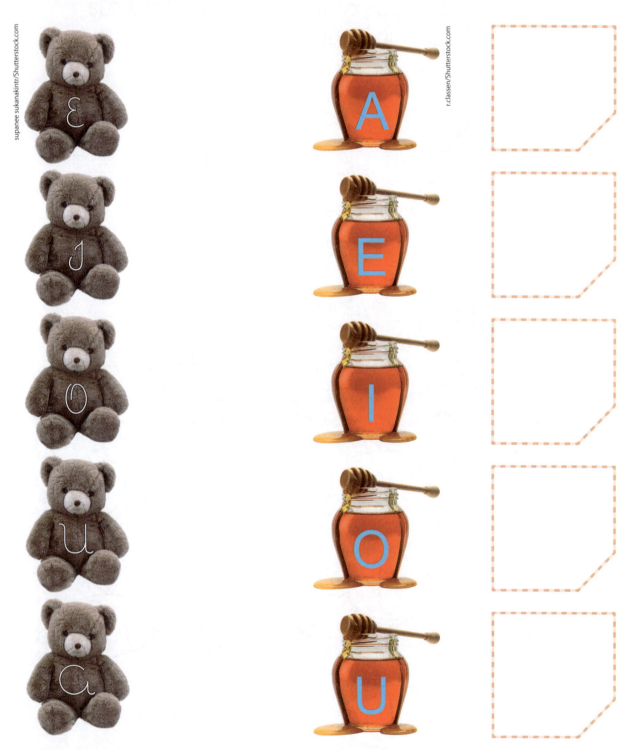

Qual é o pote de cada ursinho?

Juntando as vogais

Nina se machucou. Ela está dizendo:
— Ai, ai, ai...

 Junte as vogais, cubra os tracejados e copie o que Nina está dizendo.

O cachorrinho está latindo. Ele faz:
— Au, au, au...

Junte as vogais, cubra os tracejados e copie o latido do cachorrinho.

Lia chama a menina que vai passando. Ela está dizendo:
— Ei, ei, ei!

Junte as vogais, cubra os tracejados e copie o que Lia está dizendo.

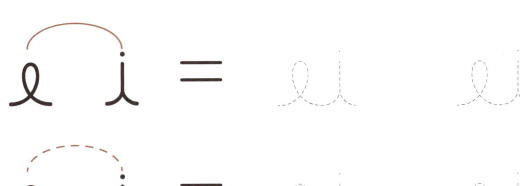

**O pipoqueiro cumprimenta o menino. Ele está dizendo:
— Oi, oi, oi...**

Junte as vogais, cubra os tracejados e copie o que o pipoqueiro está dizendo.

Oi, oi...

o i =

o i = _____ _____

Daniel está assustado. Ele está dizendo:
— Ui, ui, ui...

 Junte as vogais, cubra os tracejados e copie o que Daniel está dizendo.

Duda olha o álbum de fotografias. Ela está dizendo:
— Eu, eu, eu...

Junte as vogais, cubra os tracejados e copie o que Duda está dizendo.

Revisando os encontros de vogais

 Pinte somente as vogais que formam cada palavra.

 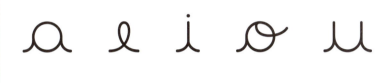

Circule a palavra que combina com cada cena.

au
eu
ei

ei
oi
ui

oi
ai
eu

Leia em voz alta o encontro vocálico que aparece em cada coelhinho e copie-o.

As consoantes e suas famílias silábicas

 Cubra o tracejado da letra *b* e escreva-a.

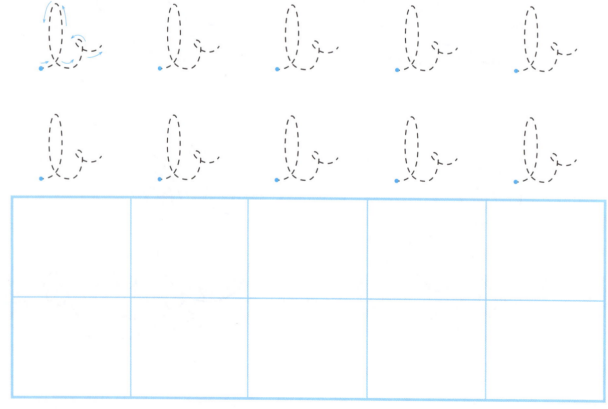

Pinte e copie a letra inicial do nome de cada figura.

bola

_ola

borboleta

_orboleta

balde

_alde

boneca

_oneca

Família do B

Leia a família do *b*, cubra o tracejado e, depois, escreva-a nos quadrinhos.

ba   be   bi   bo   bu

ba   be   bi   bo   bu

Fale o nome de cada figura e pinte todas elas. Depois, circule a sílaba inicial de cada palavra e escreva-a.

banana

___ nana

bicicleta

___ cicleta

bota

___ ta

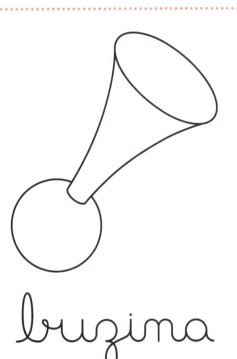

buzina

___ zina

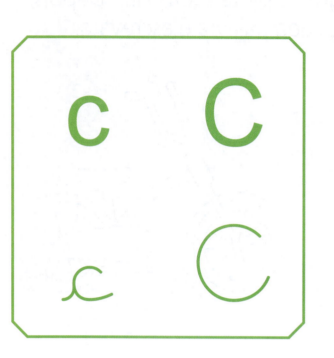

coelho

🤡 Cubra o tracejado da letra c e escreva-a.

72

Pinte e copie a letra inicial do nome de cada figura.

cadeira

_adeira

colher

_olher

cachorro

_achorro

curupira

_urupira

Família do C

Leia a família do c, cubra o tracejado e, depois, escreva-a nos quadrinhos.

ca   ce   ci   co   cu

🤡 Pinte a sílaba que aparece no nome das figuras e copie-a três vezes. Depois, pinte as figuras.

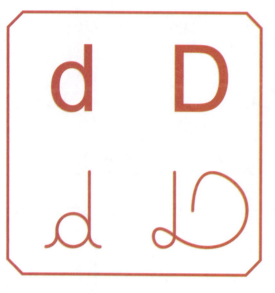

dinossauro

🤡 Cubra o tracejado da letra d e escreva-a.

🤡 Circule e copie a letra inicial do nome de cada figura. Depois, pinte as figuras.

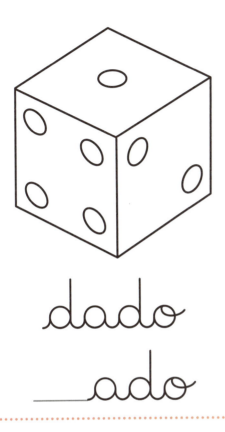

dado

_ado

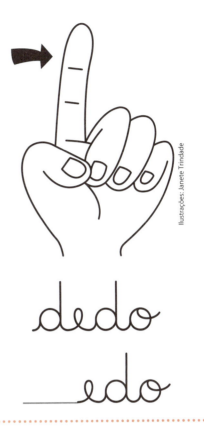

dedo

_edo

Ilustrações: Janete Trindade

doce

_oce

ducha

_ucha

Família do D

Leia a família do d, cubra o tracejado e, depois, escreva-a nos quadrinhos.

da de di do du

Pinte a sílaba que aparece no nome da figura e copie-a três vezes.

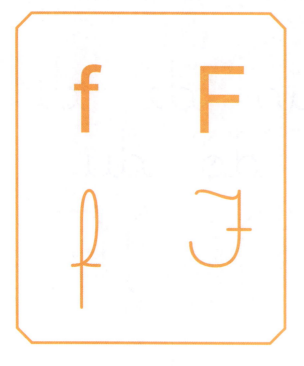

família

Cubra o tracejado da letra f e escreva-a.

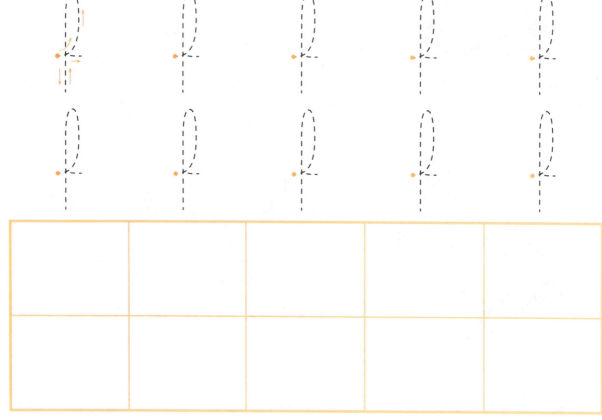

Circule e copie a letra inicial do nome de cada figura. Depois, pinte as figuras.

fogo

___ogo

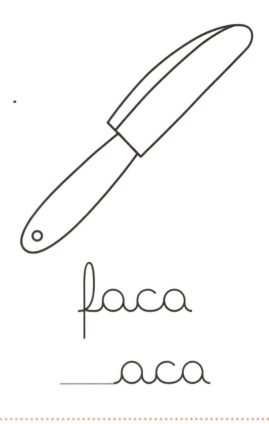

faca

___aca

foca

___oca

fita

___ita

Família do F

Leia a família do f, cubra o tracejado e, depois, escreva-a nos quadrinhos.

| fa | fe | fi | fo | fu |

Fale o nome das figuras e pinte-as. Depois, ligue cada uma à sílaba correspondente.

fa

fo

fu

fi

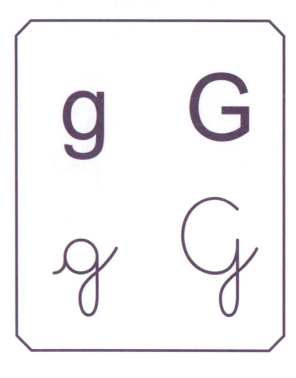

gato

🤡 Cubra o tracejado da letra g e escreva-a.

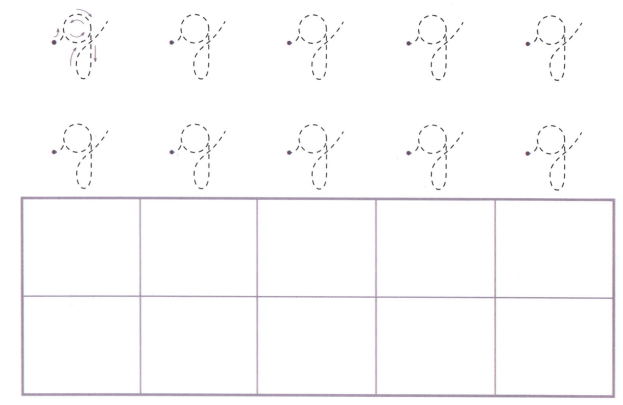

Circule e copie a letra inicial do nome de cada figura. Depois, pinte as figuras.

galo
__alo

guloseimas
__uloseimas

gorro
__orro

gota
__ota

Família do G

Leia a família do *g*, cubra o tracejado e, depois, escreva-a nos quadrinhos.

ga   ge   gi   go   gu

ga   ge   gi   go   gu

Complete o nome das figuras com uma das sílabas dos quadros. Depois, ligue a sílaba à figura correspondente.

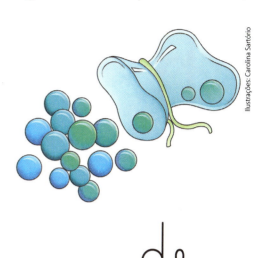

____de

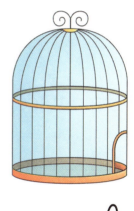

____iola

____iaba

h H
h H

helicóptero

Cubra o tracejado da letra h e escreva-a.

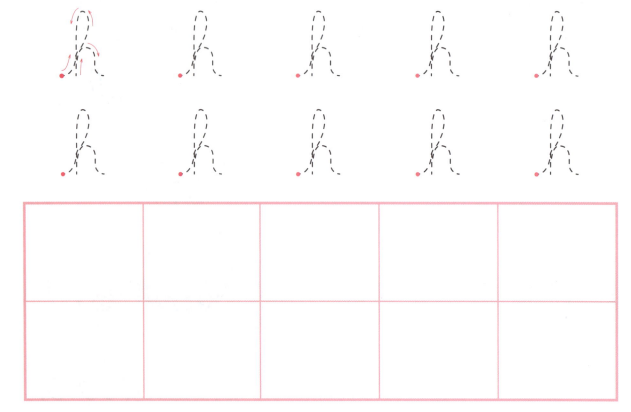

🤡 Pinte e copie a letra inicial do nome de cada figura. Depois, pinte as figuras.

halteres
___alteres

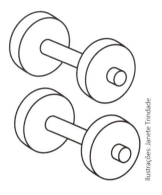

homem
___omem

hiena
___iena

hipopótamo
___ipopótamo

Família do H

Leia a família do *h*, cubra o tracejado e, depois, escreva-a nos quadrinhos.

ha he hi ho hu

 Leve o homem ao helicóptero ligando os pontos na ordem das sílabas da família do h.

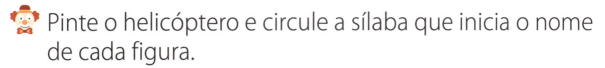 Pinte o helicóptero e circule a sílaba que inicia o nome de cada figura.

ha

he

hi

ho

hu

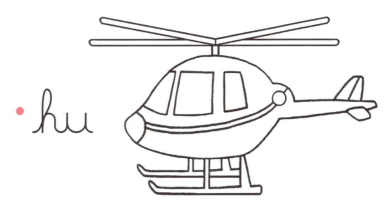

jacaré

🤡 Cubra o tracejado da letra j e escreva-a.

Pinte e copie a letra inicial do nome de cada figura.

jiboia

___iboia

joia

___oia

jumento

___umento

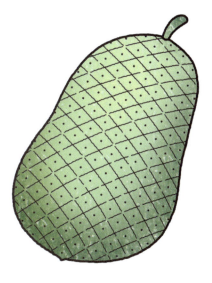

jaca

___aca

Família do J

Leia a família do j, cubra o tracejado e, depois, escreva-a nos quadrinhos.

ja   je   ji   jo   ju

Pinte e copie a sílaba inicial do nome de cada figura. Depois, pinte as figuras.

jarra

___rra

joaninha

___aninha

jipe

___pe

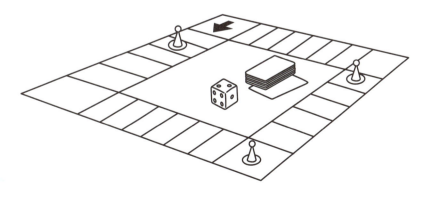

jogo

___go

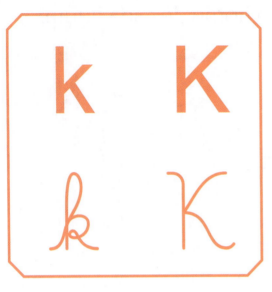

kiwi

🤡 Cubra o tracejado da letra k e escreva-a.

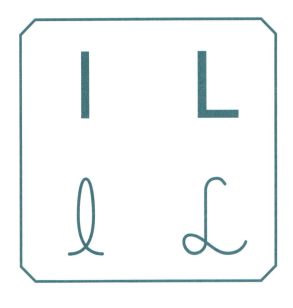

leão

🤡 Cubra o tracejado da letra *l* e escreva-a.

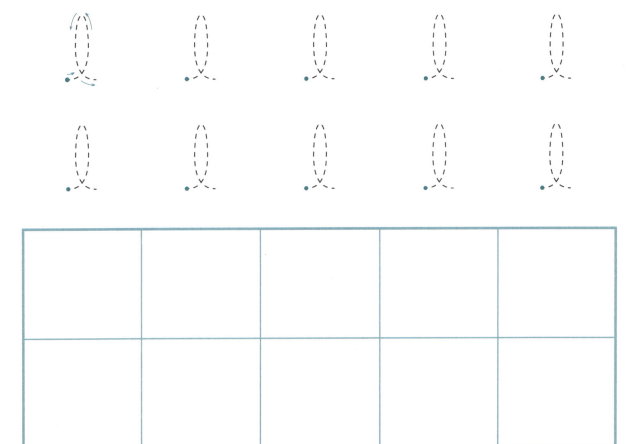

Pinte e copie a letra inicial do nome de cada figura. Depois, pinte as figuras.

livro

__ivro

lata

__ata

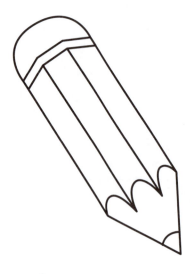

lápis

__ápis

lua

__ua

Família do L

Leia a família do *l*, cubra o tracejado e, depois, escreva-a nos quadrinhos.

| la | le | li | lo | lu |

la   le   li   lo   lu

Pinte as figuras e leia as palavras.

 Em cada coluna, circule a palavra que é igual ao modelo e escreva o nome da figura na linha.

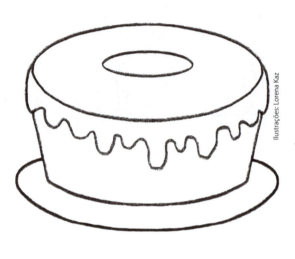

lobo   bolo

bolo   lobo

lobo   bola

bala   bolo

_____ _____

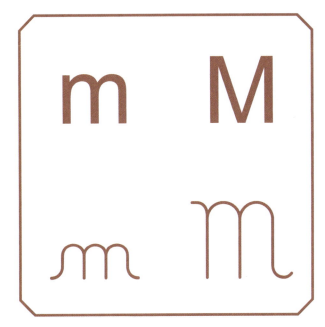

macaco

Cubra o tracejado da letra m e escreva-a.

Pinte e copie a letra inicial do nome de cada figura. Depois, pinte as figuras.

milho

___ilho

mula

___ula

meia

___eia

mochila

___ochila

Família do M

 Leia a família do *m*, cubra o tracejado e, depois, escreva-a nos quadrinhos.

ma me mi mo mu

ma me mi mo mu

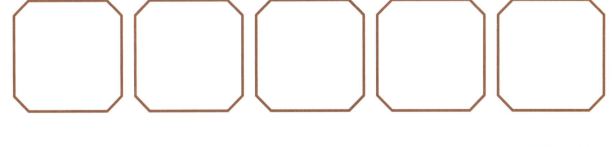

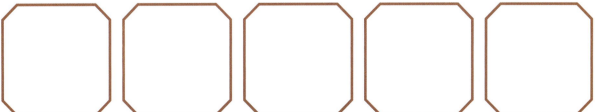

Leia as palavras e, em cada coluna, circule a que é igual ao modelo. Depois, escreva o nome da figura na linha.

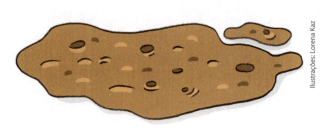

mala	lama
lama	mala
mola	lama
mala	mula

_____   _____

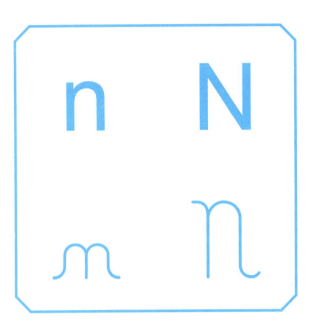

 Cubra o tracejado da letra m e escreva-a.

🤡 Pinte e copie a letra inicial do nome de cada figura. Depois, pinte as figuras.

ninho
__inho

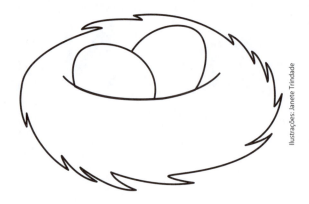

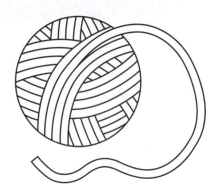

novelo
__ovelo

nariz
__ariz

nuvem
__uvem

Família do N

Leia a família do n, cubra o tracejado e, depois, escreva-a nos quadrinhos.

na   ne   ni   no   nu

na   ne   ni   no   nu

na   ne   ni   no   nu

na   ne   ni   no   nu

🤡 Pinte a sílaba que aparece no nome das figuras e copie-a três vezes. Depois, pinte as figuras.

ma me mi
mo mu

hiena

ma me mi
mo mu

boneca

ma me mi
mo mu

canoa

pato

Cubra o tracejado da letra p e escreva-a.

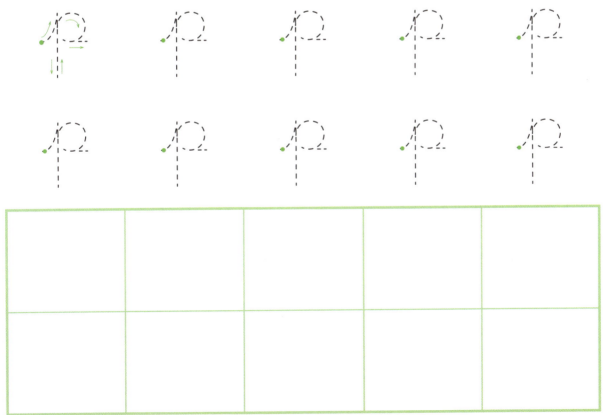

🤡 Pinte e copie a letra inicial do nome de cada figura. Depois, pinte as figuras.

panela

___anela

pipa

___ipa

pulga

___ulga

peteca

___eteca

Família do P

Leia a família do p, cubra o tracejado e, depois, escreva-a nos quadrinhos.

pa pe pi po pu

pa pe pi po pu

pa pe pi po pu

pa pe pi po pu

Pinte as figuras e leia as palavras.

 Em cada coluna, circule a palavra que é igual ao modelo e escreva o nome da figura na linha.

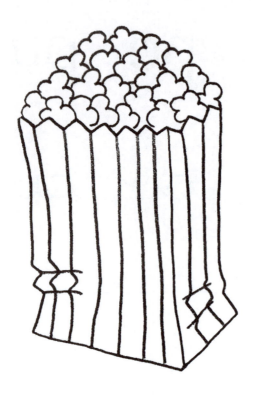 

pipoca   picolé

pipa   pipoca

pipoca   picolé

picolé   panela

_____   _____

quati

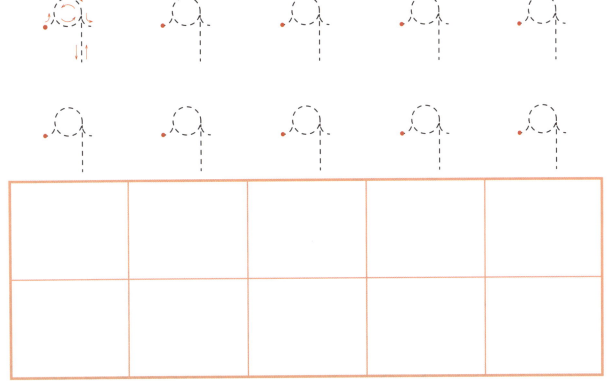

Cubra o tracejado da letra q e escreva-a.

113

Pinte e copie a letra inicial do nome de cada figura. Depois, pinte as figuras.

quadro

___uadro

queijo

___ueijo

quati

___uati

quiabo

___uiabo

Família do Q

Leia a família do q, cubra o tracejado e, depois, escreva-a nos quadrinhos.

qua que qui quo

qua que qui quo

qua que qui quo

qua que qui quo

115

Complete o nome das figuras com uma das sílabas dos quadros.

qua

que

qui

por___nho

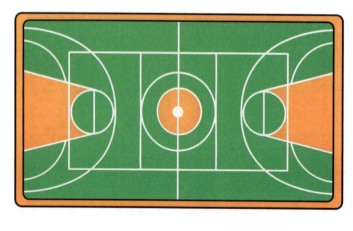

___dra   bas___te

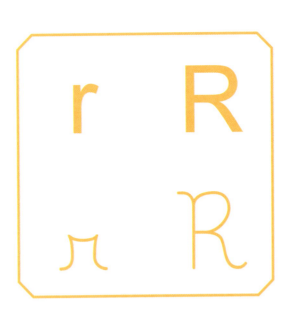

rato

🤡 Cubra o tracejado da letra r e escreva-a.

117

Pinte e copie a letra inicial do nome de cada figura. Depois, pinte as figuras.

robô
___obô

regador
___egador

rainha
___ainha

raquetes
___aquetes

Família do R

Leia a família do r, cubra o tracejado e, depois, escreva-a nos quadrinhos.

ra   re   ri   ro   ru

Pinte a sílaba que aparece no nome da figura e copie-a três vezes.

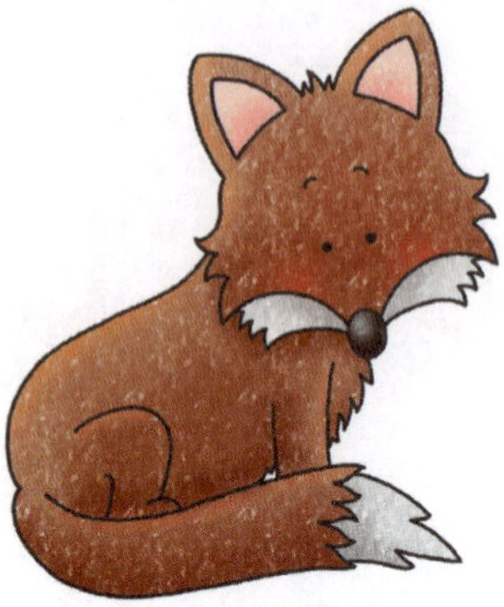

ra re ri

ro ru

raposa

ra re ri

ro ru

roda

Ilustrações: Camila de Godoy

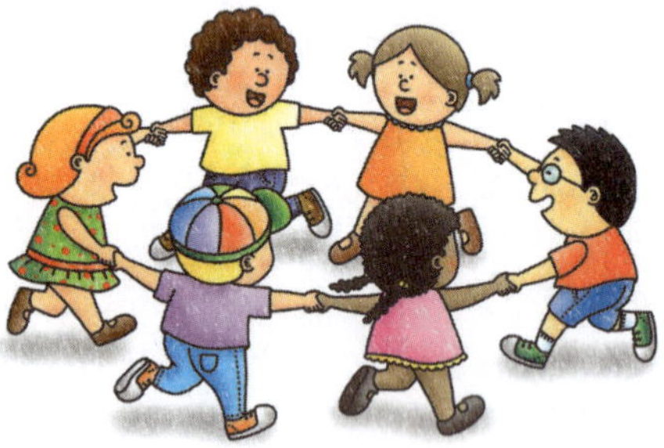

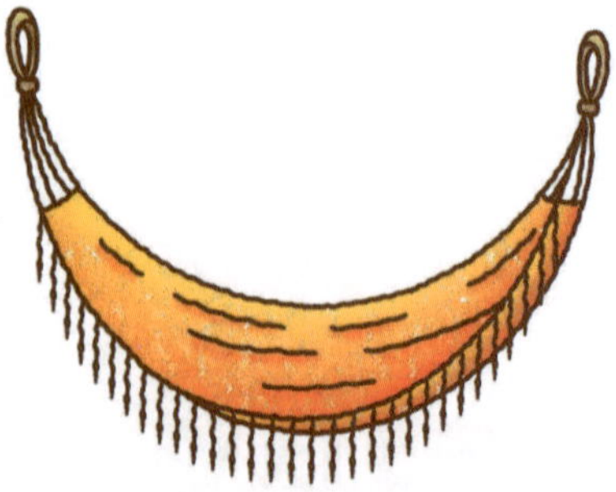

ra re ri

ro ru

rede

sorvete

🤡 Cubra o tracejado da letra s e escreva-a.

🤡 Pinte e copie a letra inicial do nome de cada figura. Depois, pinte as figuras.

sacola

___acola

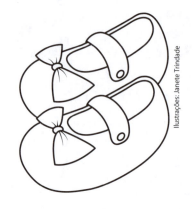

sapatos

___apatos

sapo

___apo

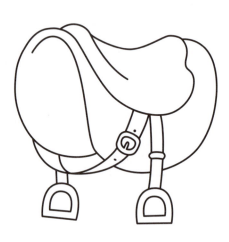

sela

___ela

Família do S

Leia a família do ♪, cubra o tracejado e, depois, escreva-a nos quadrinhos.

| sa | se | si | so | su |

sa se si so su

sa se si so su

sa se si so su

Siga as setas e descubra o nome das figuras. Depois, escreva os nomes nos quadros.

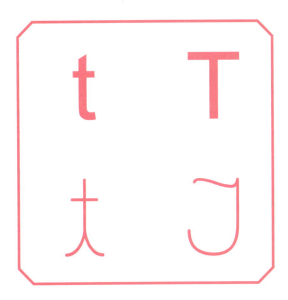

telefone

🤡 Cubra o tracejado da letra *t* e escreva-a.

Pinte e copie a letra inicial do nome de cada figura. Depois, pinte as figuras.

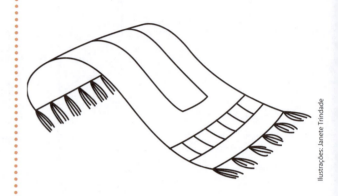

tulipa

___ulipa

tapete

___apete

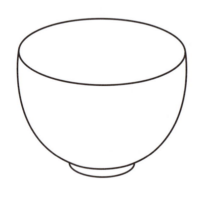

tigela

___igela

tomate

___omate

Família do T

Leia a família do t, cubra o tracejado e, depois, escreva-a nos quadrinhos.

ta   te   ti   to   tu

ta   te   ti   to   tu

ta   te   ti   to   tu

ta   te   ti   to   tu

Pinte as figuras e leia as palavras.

 Em cada coluna, circule a palavra que é igual ao modelo e escreva o nome da figura na linha.

gato   pato

gato   rato

pato   gato

rato   pato

🤡 Cubra o tracejado da letra v e escreva-a.

Pinte e copie a letra inicial do nome de cada figura. Depois, pinte as figuras.

vaca

___aca

vela

___ela

veado

___eado

vaga-lume

___aga-lume

Família do V

Leia a família do v, cubra o tracejado e, depois, escreva-a nos quadrinhos.

va ve vi vo vu

 Leve a vovó ao vaso ligando os pontos na ordem das sílabas da família do v.

 Pinte a vovó e circule a sílaba que inicia o nome de cada figura.

va

ve

vi

vo

vu

waffle

Cubra o tracejado da letra w e escreva-a.

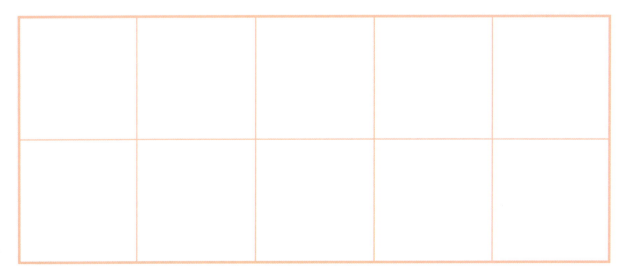

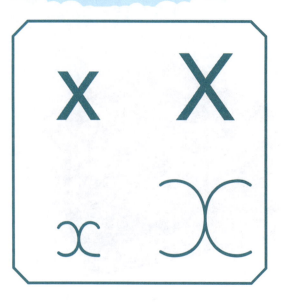

xícara

Cubra o tracejado da letra x e escreva-a.

Pinte e copie a letra inicial do nome de cada figura. Depois, pinte as figuras.

xadrez
___adrez

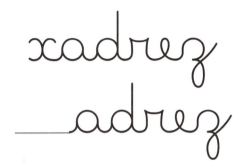

xilofone
___ilofone

xarope
___arope

xale
___ale

Família do X

Leia a família do x, cubra o tracejado e, depois, escreva-a nos quadrinhos.

xa xe xi xo xu

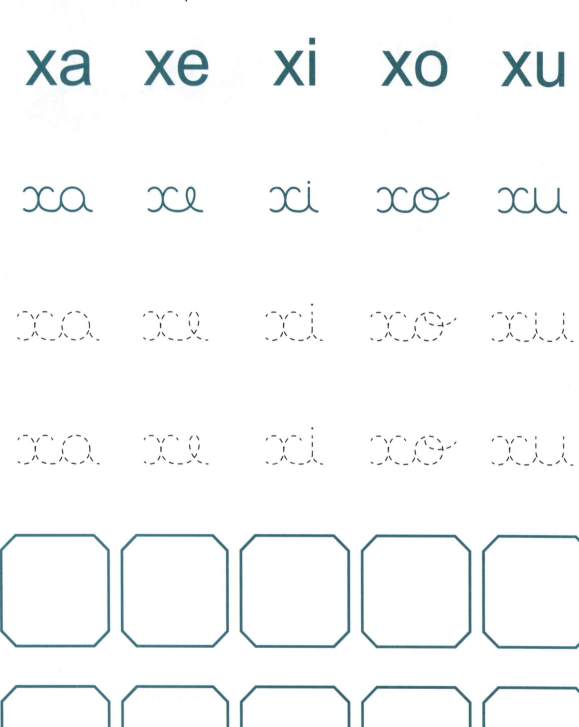

Pinte a sílaba que aparece no nome das figuras e copie-a três vezes. Depois, pinte as figuras.

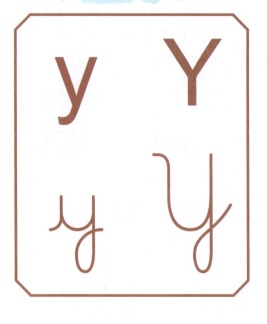

yakisoba

🤡 Cubra o tracejado da letra y e escreva-a.

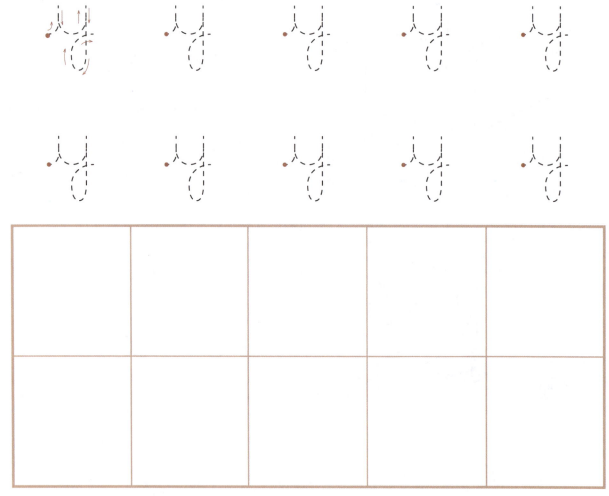

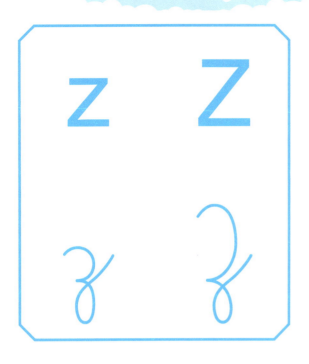

zebra

Cubra o tracejado da letra z e escreva-a.

139

Pinte e copie a letra inicial do nome de cada figura. Depois, pinte as figuras.

zebu
___ebu

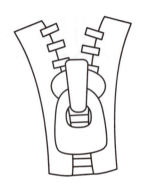

zíper
___íper

zebra
___ebra

zabumba
___abumba

Família do Z

Leia a família do *z*, cubra o tracejado e, depois, escreva-a nos quadrinhos.

za ze zi zo zu

🤡 Leia as palavras. Depois, circule e copie somente o nome de cada figura.

zebu - buzina - reza

azeite - batizado - zebu

azeitona - buzina - zelo

zebu - azulão - azulejo

Revisando as consoantes e as famílias silábicas

Leia as palavras e ligue cada animal ao nome dele.

leão

gato

sapo

pato

Pinte cada figura da mesma cor de seu nome.

dado

faca

mala

saco

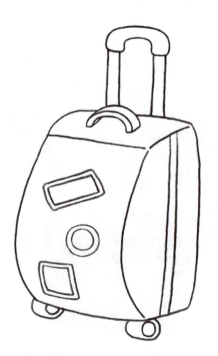

Pinte somente as sílabas que formam o nome de cada figura. Depois, escreva a palavra formada.

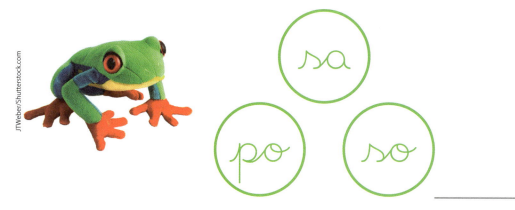

_____

_____

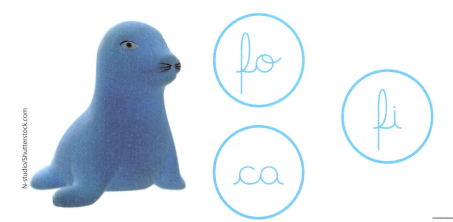

_____

Cubra as sílabas tracejadas e ligue as palavras à figura correspondente.

Depois, escreva as palavras e pinte as imagens.

cavalo

_____

sofá

_____

boneca

_____

— **Vamos aprender e recitar a parlenda?**

Meio-dia,
Macaco assobia.
Panela no fogo
Barriga vazia.

Parlenda.

 Qual bichinho aparece na parlenda? Pinte a figura dele.

 Observe a escrita, conte e registre a quantidade de letras de cada palavra.

Alfabeto minúsculo

 Copie o alfabeto. Depois, pinte de **verde** somente as vogais.

É tempo de Matemática

> Galinha choca
> Comeu minhoca,
> Saiu pulando
> Feito pipoca.
>
> Parlenda.

SUMÁRIO

Coordenação visomotora 151
Labirinto
Sombra
Cores
Detalhes de cenas
Sequência lógica
Análise e síntese
Igual e diferente
Figura-fundo

Dimensão 165
Maior, menor e mesmo tamanho 165
Alto e baixo 167
Largo e estreito 168
Grosso e fino 169
Curto e comprido 170

Posição 172
Dentro e fora 172
Mesma posição e posição diferente 173
Na frente, atrás e ao lado 174
Perto e longe 175
Mesma direção 176
Na frente, em cima, entre, dentro 178

Orientação temporal 179
Aconteceu primeiro 179
Antes e depois 180

Quantidade 183
Muito e pouco 183
Mais e menos 184

Medidas 185
Cheio, vazio e mesma quantidade .. 185
Leve e pesado 186

Par 187

Noções de Geometria 188
Linhas curvas abertas e linhas curvas fechadas 188
Círculos, quadrados, triângulos e retângulos 189
Figuras geométricas espaciais 191

Conjuntos 192

Números naturais de 0 a 9 201
Revisando os números de 0 a 9 221

Unidades e dezenas 224

Números naturais de 10 a 20 .. 228
Revisando os números de 1 a 20 250

Vamos contar! 252

Coordenação visomotora

Invente um nome para o gatinho e leve o bichinho até a cesta sem sair do limite. Depois, pinte o que ele encontrou pelo caminho.

— Que brinquedo está escondido neste desenho?

Pinte os espaços com pontinhos para descobrir a resposta. Use as cores indicadas.

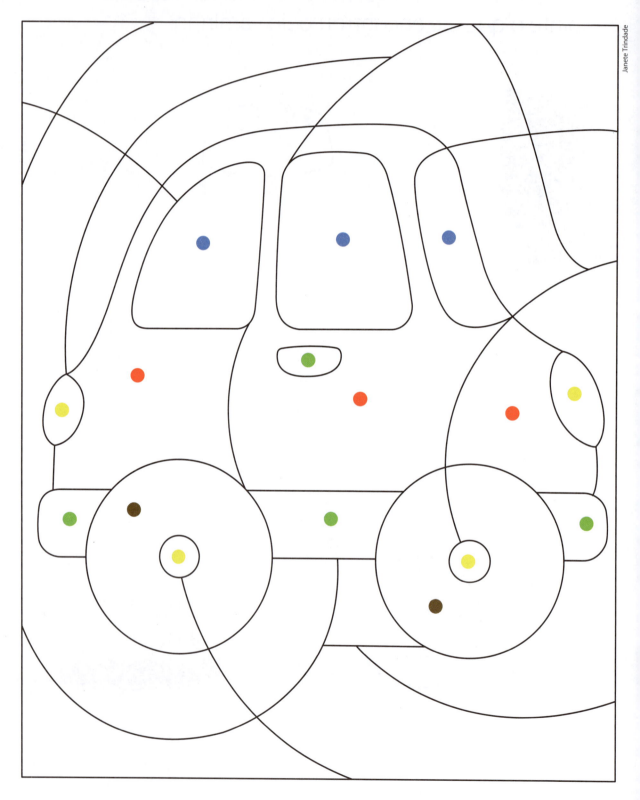

Que brinquedo está escondido neste desenho?

Continue desenhando a mola de cada brinquedo.

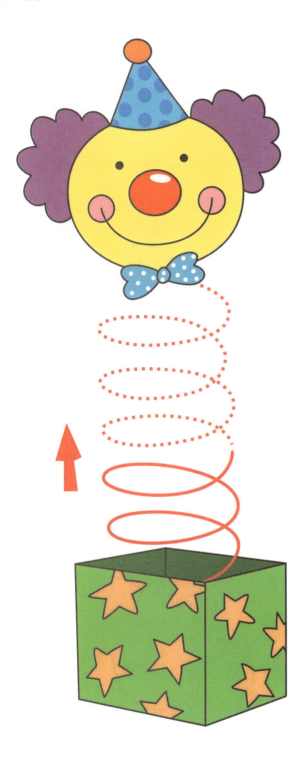

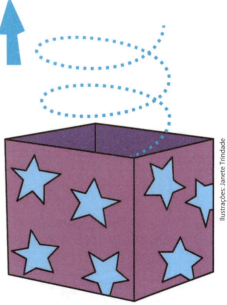

Pinte a galinha de **amarelo** e o ovo de **azul**. Depois, encontre outras galinhas **amarelas** com o ovo **azul** e ligue-as.

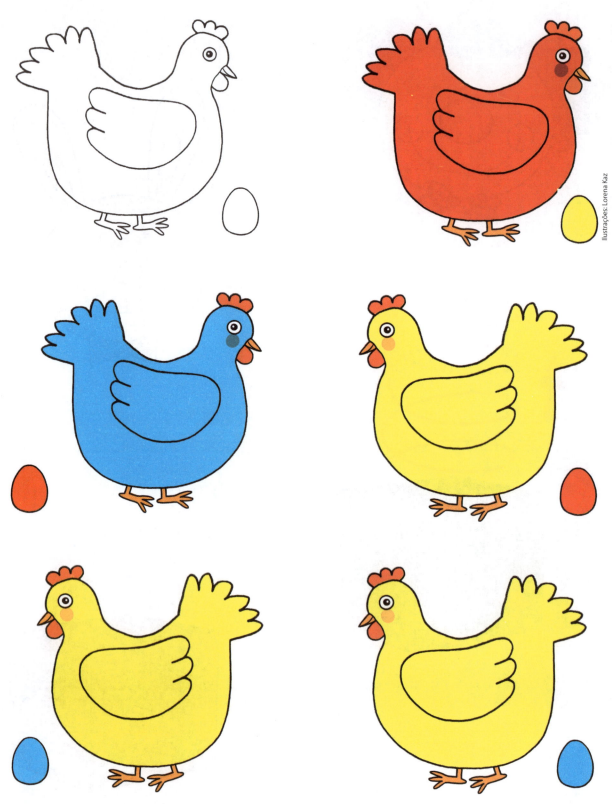

Pinte o vestido de uma menina de **azul** e o vestido da outra menina de **amarelo**. Em seguida, ligue cada menina aos objetos que têm a mesma cor do vestido.

Pinte os espaços com a cor dos pontinhos para colorir os balões. Depois, ligue o balão do quadro àquele que ficou igual a ele.

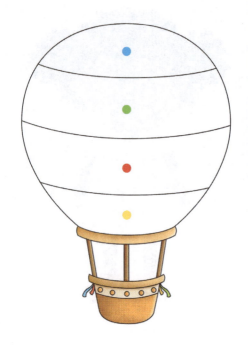
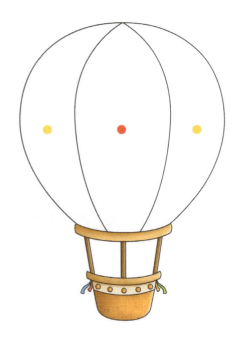

Ligue cada palhaço a uma bolinha observando as cores. Depois, cole pedacinhos de EVA no nariz e na roupa de cada um deles.

Recorte as imagens da parte inferior da página e cole-as continuando a sequência de cada grupo.

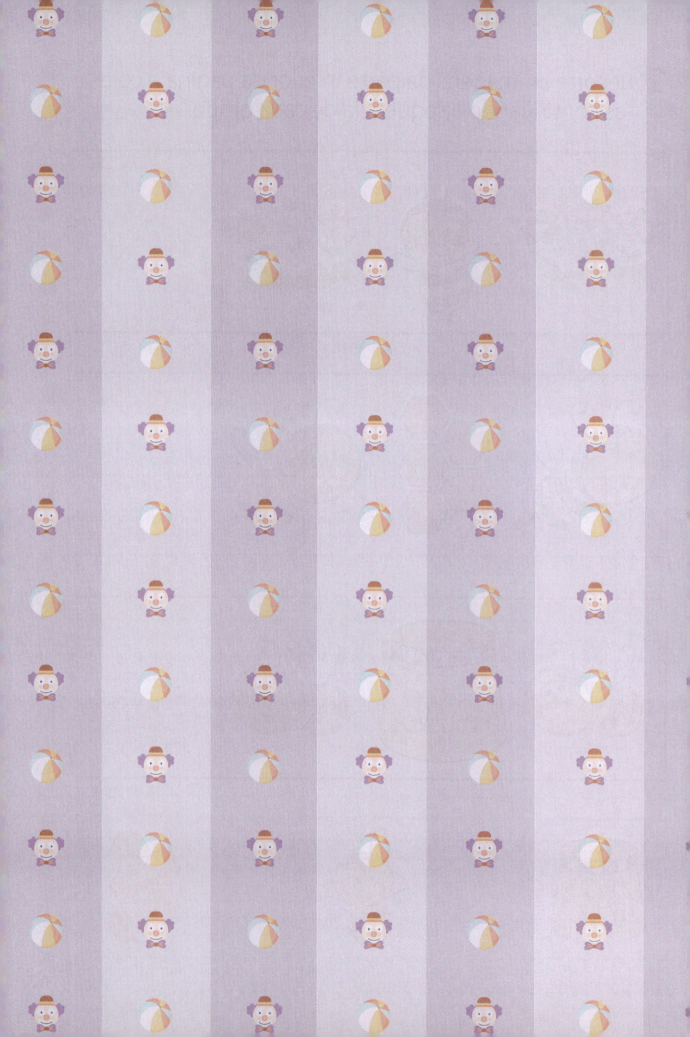

Pinte a cena que completa a sequência.

Cada embrulho é de um brinquedo...

Ligue cada brinquedo a seu embrulho correspondente.

Agora, observe o embrulho abaixo com atenção e diga qual é o presente que está dentro dele. Desenhe sua resposta.

Descubra qual brinquedo foi feito com as peças do quadro e pinte-o com as mesmas cores.

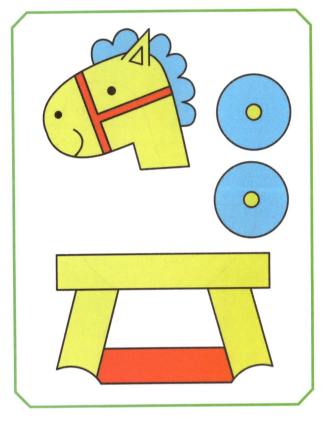

Complete e pinte a galinha e o pintinho para que fiquem iguais aos modelos.

Dimensão

Maior, menor e mesmo tamanho

Estes são os ursinhos de Ester.

 Trace setas ligando-os em ordem, do **menor** para o **maior**. Depois, pinte-os com suas cores preferidas.

— **Veja os aviõezinhos coloridos!**

Circule o **menor** e faça um **/** no **maior**.

Em seguida, pinte com a mesma cor os aviõezinhos que são do **mesmo tamanho**.

Veja os aviõezinhos coloridos!

Alto e baixo

Ana e Maria são irmãs.
— Mas quem é a Ana e quem é a Maria?
Maria é a irmã **mais alta**. Ana é **mais baixa** do que Maria.

- Desenhe uma bola ao lado de Maria.
- Desenhe um chapéu na cabeça de Ana.
- Agora, desenhe uma criança **mais baixa** do que Ana e invente um nome para ela.

— Quem é a pessoa **mais alta** de sua casa? E a **mais baixa**?

Largo e estreito

— **Que pena! Os palhacinhos esqueceram suas gravatas.**

Observe a largura de cada gravata e leve-as ao palhacinho a que pertencem. Depois, circule a gravata **mais larga**.

Grosso e fino

Em cada sequência, faça uma + no objeto **mais fino** e pinte o **mais grosso**.

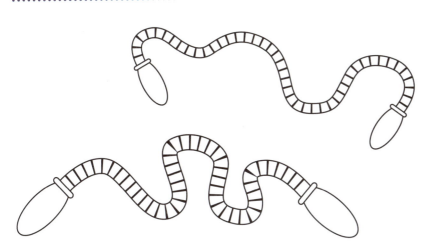 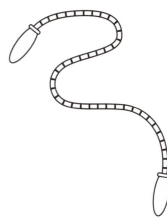

Curto e comprido

— Veja, Mimi desenrolou a lã dos novelos! E agora?

Cubra os pontilhados usando a cor indicada e marque um **X** no quadrinho do novelo da lã mais **curta**. Depois, pinte o gatinho com a mesma cor da lã mais **comprida**.

 Observe as duas meninas com atenção e descubra as diferenças entre elas.

Faça um **X** nas diferenças que você encontrar na segunda menina e pinte uma bolinha para cada uma delas.

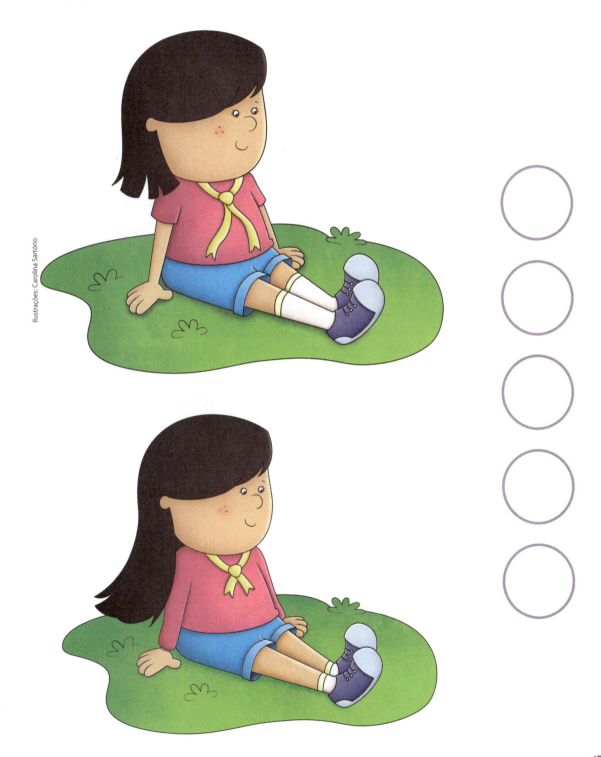

Posição
Dentro e fora

Os porquinhos estão brincando...
— Onde está cada bichinho? Dentro ou fora da poça de lama?

 Pinte de **marrom** os porquinhos que estão **dentro** da poça de lama e escolha outra cor para pintar os que estão **fora** dela.

Ilustrações: Silvana Rando

Mesma posição e posição diferente

— **Qual filhote está na mesma posição que a mamãe dele?**

 Circule a resposta em cada situação.

Na frente, atrás e ao lado

Pinte o pandeirinho de **azul** toda vez que ele estiver **ao lado** do tambor e de **amarelo** quando estiver **na frente** do tambor. Faça um **X** quando ele estiver **atrás** do tambor.

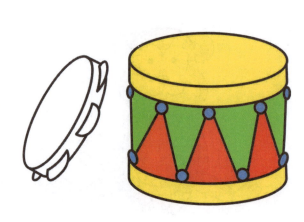

Perto e longe

— Quem conseguir jogar a bola mais longe é o vencedor do jogo!

Pinte as bolas de acordo com o resultado da brincadeira.

⭐ A bola **vermelha** caiu **mais longe** do que a bola **azul**.
⭐ A bola **verde** caiu **mais perto** do que a bola **azul**.
⭐ Agora, pinte o vencedor.

Mesma direção

Observe a direção e a cor de cada pintinho do quadro. Depois, pinte os outros pintinhos combinando direção e cor.

Complete os desenhos de modo que cada dupla de corujinhas olhe para a **mesma direção**. Depois, pinte as corujinhas.

Na frente, em cima, entre, dentro

— Onde está cada gatinho?

 Em cada linha, desenhe um gatinho na mesma posição do outro.

 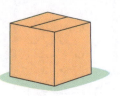

 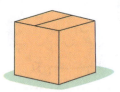

 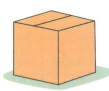 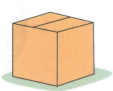

Orientação temporal

Aconteceu primeiro

- Observe as cenas e crie uma história com os colegas.

    — O que aconteceu primeiro?

- Faça **X** na cena que **aconteceu primeiro**, **X X** na cena que aconteceu depois e **X X X** na cena que mostra o palhaço todo arrumado.

    — O que você acha que o palhaço fez depois de pronto?

- Desenhe sua opinião.

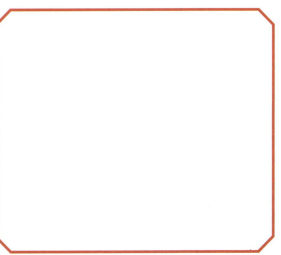

Ilustrações: Carolina Sartório

Antes e depois

— O que aconteceu primeiro?
— O que aconteceu depois?

Recorte as figuras da página 181 e cole-as no lugar correto.

Antes   **Depois**

Ilustrações: Lorena Kaz

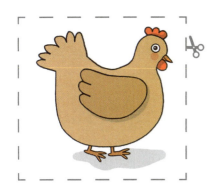

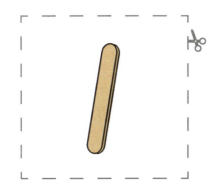

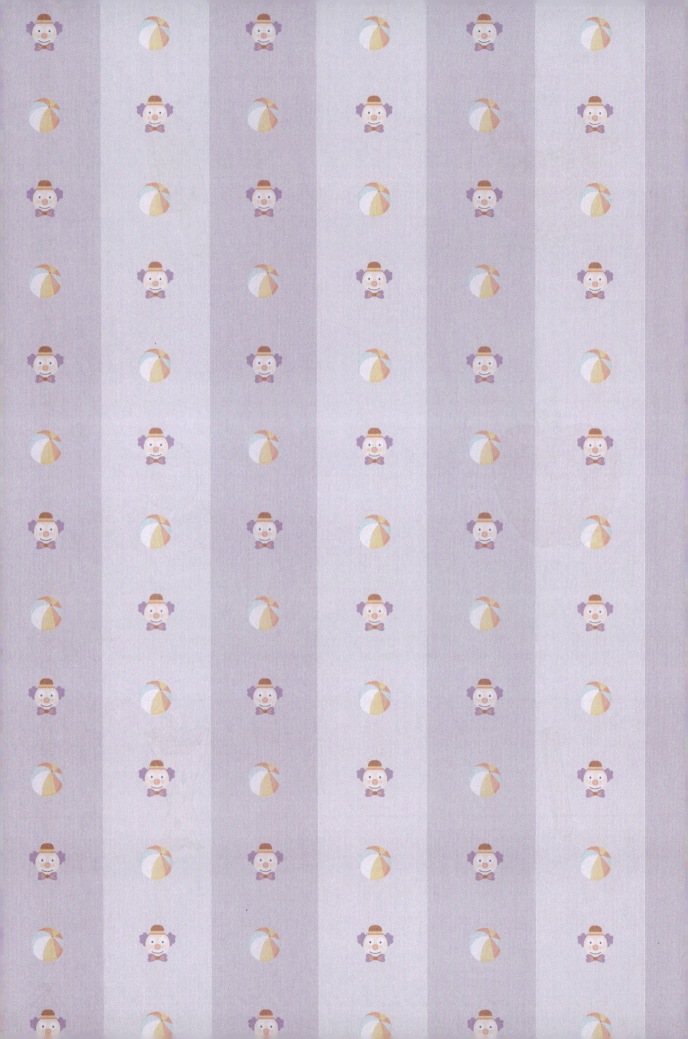

Quantidade

Muito e pouco

 Leve cada passarinho a um ninho.

 Agora, pinte de **amarelo** os passarinhos que têm **muitos** ovos no ninho, e de **azul** os que têm **poucos** ovos.

Mais e menos

— **Quantos pontos cada criança fez no dado?**

Desenhe bolinhas em cada dado de acordo com a quantidade indicada. Depois, circule a criança que fez **mais** pontos e faça um **/** na que fez **menos** pontos.

Medidas

Cheio, vazio e mesma quantidade

— Veja os trenzinhos carregados de frutas!

Em cada trenzinho, ligue os vagões que têm a **mesma quantidade** de frutas. Faça um **X** no vagão que está mais **cheio** de frutas e desenhe frutinhas no vagão que está **vazio**.

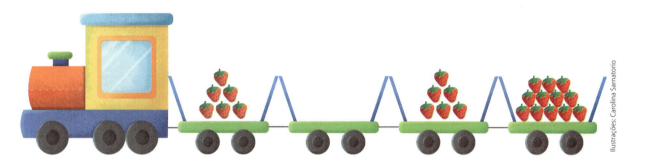

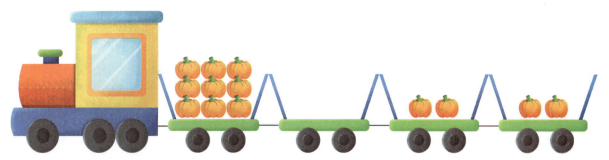

Leve e pesado

🤡 Pinte de **azul** a roupa da menina que está segurando o objeto mais **leve** e de **amarelo** a roupa da menina que está segurando o objeto mais **pesado**.

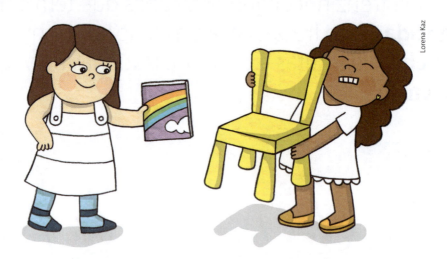

🤡 Agora, observe os objetos em cada balança. Marque um **X** no objeto mais **pesado** e uma ● no mais **leve**.

Par

Pinte as meias e os calçados formando **pares**. Depois, circule a peça do vestuário que sobrou sem **par**.

Noções de Geometria

Linhas curvas abertas e linhas curvas fechadas

— Qual passarinho pode apanhar o alimento sem atravessar a linha?

 Mostre a ele o caminho, usando lápis de cor.

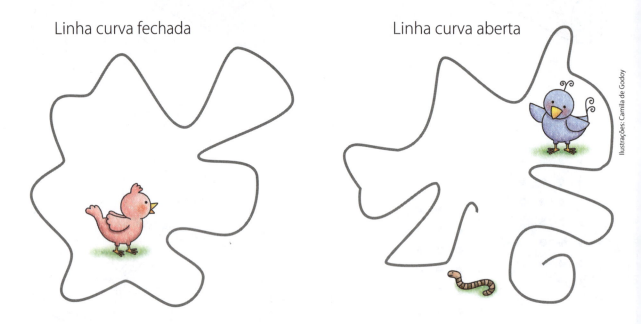

Linha curva fechada

Linha curva aberta

 Agora, complete as **linhas curvas abertas** formando **linhas curvas fechadas**.

Círculos, quadrados, triângulos e retângulos

- Pinte as figuras geométricas que o trenzinho está puxando seguindo a sequência de cores.
- Depois, diga o nome de cada figura e de cada cor.

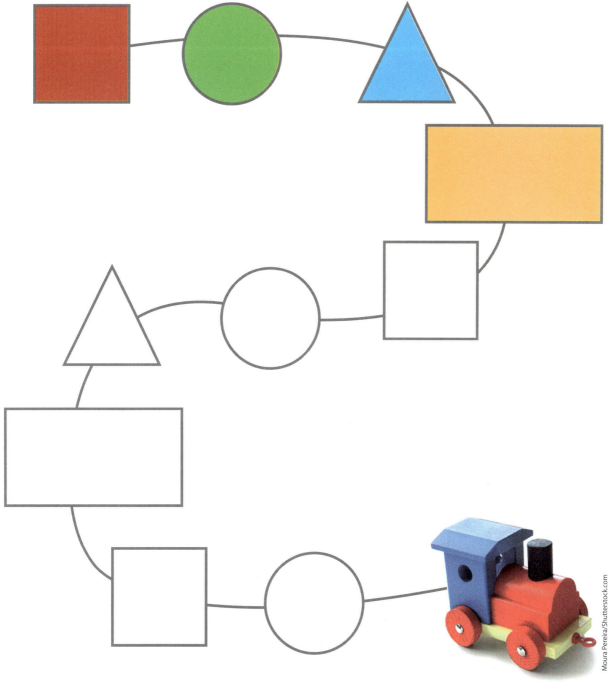

Pinte as figuras geométricas de acordo com a legenda.

Figuras geométricas espaciais

— **O que cada criança está iluminando com a lanterna?**

 Desenhe a sombra de cada objeto e pinte-a de **preto**.

 Faça um **X** na sombra em forma de **triângulo**.

Conjuntos

🤡 Agrupe todos os animais dentro de uma linha fechada.

— **Você formou um conjunto de animais!**

🤡 Depois, descubra de que é formado o conjunto que restou e trace uma linha fechada em volta dele também.

🤡 Pinte todos os peixinhos. Depois, trace uma linha fechada ao redor deles.

— **Você formou um conjunto de peixinhos!**

🤡 Faça uma 🟢 em todos os cachorrinhos para formar o conjunto de cachorrinhos. Depois, descubra de que é formado o conjunto que restou.

🤡 Trace uma linha curva fechada em volta de cada conjunto usando lápis de cores diferentes.

Ligue cada elemento ao conjunto a que pertence.

Faça um **X** nas figuras que não pertencem aos conjuntos.

🤡 Em cada situação, faça a correspondência dos elementos um a um e desenhe um risquinho para cada elemento.

🤡 Depois, faça um:
- ✪ **X** no conjunto que tem **mais** elementos;
- ✪ **/** no conjunto que tem **menos** elementos.

Observe cada etiqueta e desenhe elementos para formar os conjuntos.

O conjunto com um elemento é chamado de conjunto unitário.

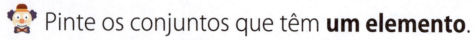 Pinte os conjuntos que têm **um elemento**.

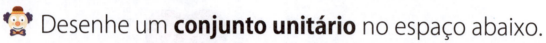 Desenhe um **conjunto unitário** no espaço abaixo.

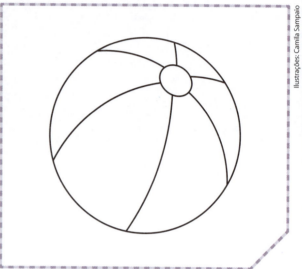

Desenhe uma linha fechada em volta de cada elemento para formar **conjuntos unitários**.

Observe os conjuntos a seguir.

— **Quantos elementos há em cada conjunto?**

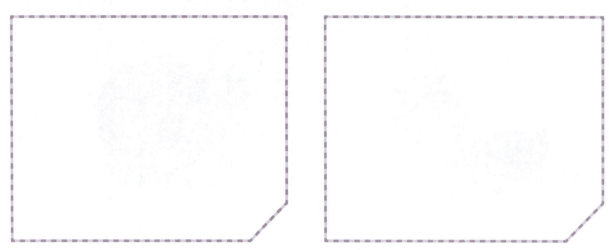

O conjunto que não tem elementos é chamado de conjunto vazio.

 Desenhe um **conjunto vazio**.

Números naturais de 0 a 9

— Quantas crianças brincam no brinquedo?

 Trace o número 0.

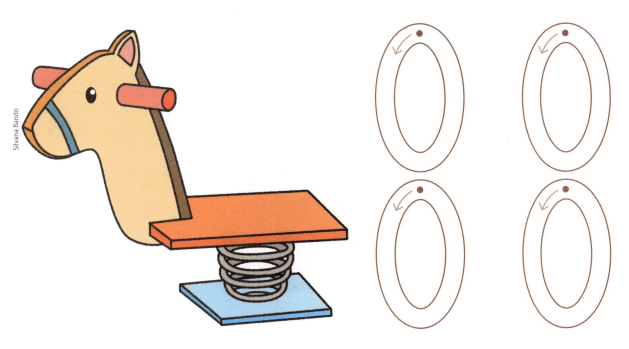

 Cubra o tracejado do número 0 e, depois, copie-o.

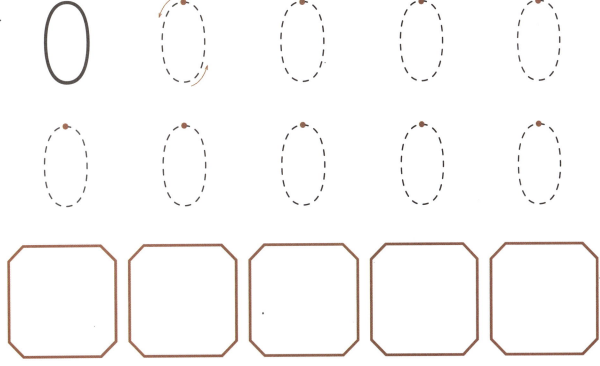

Ligue as cestas que estão vazias e escreva o número 0 nelas.

 Escreva o número 0.

0				

— Quantas crianças brincam no tobogã?
Conte apontando com o dedo.

 Trace o número 1.

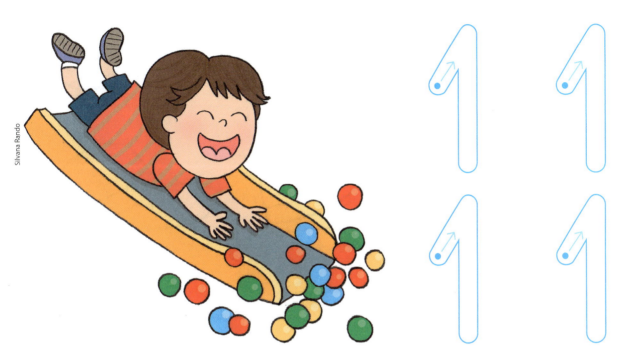

 Cubra o tracejado do número 1 e, depois, copie-o.

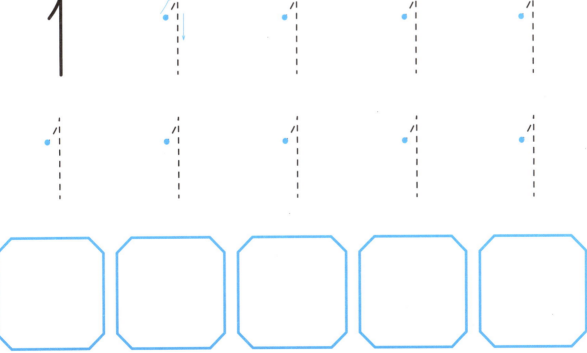

Pinte 1 figura em cada grupo.

Escreva o número 1.

— Quantas crianças brincam no carrinho?
Conte apontando com o dedo.

Trace o número 2.

Cubra o tracejado do número 2 e, depois, copie-o.

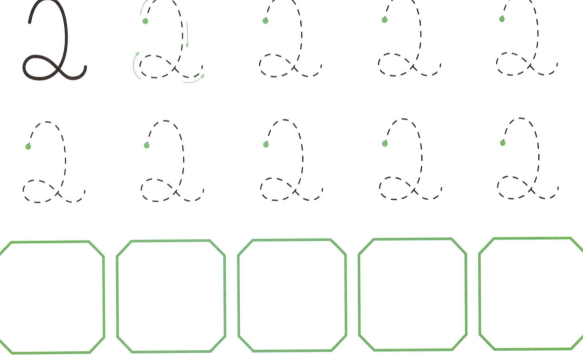

Ligue 2 bolachas em cada pote.

 Escreva o número 2.

2				

— Quantas crianças brincam no carrossel?
Conte apontando com o dedo.

Trace o número 3.

Cubra o tracejado do número 3 e, depois, copie-o.

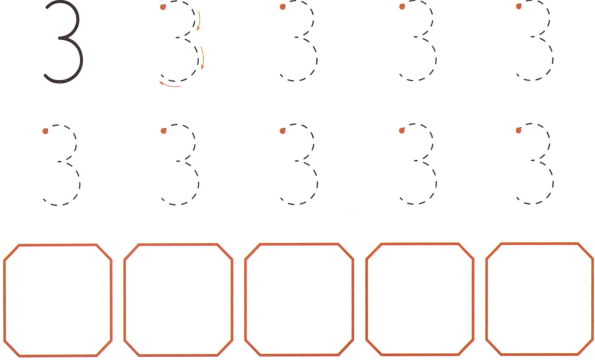

🤡 Desenhe 3 bolinhas para cada bebê. Depois, pinte-as.

🤡 Escreva o número 3.

3				

— Quantas crianças brincam na areia?
Conte apontando com o dedo.

Trace o número 4.

Cubra o tracejado do número 4 e, depois, copie-o.

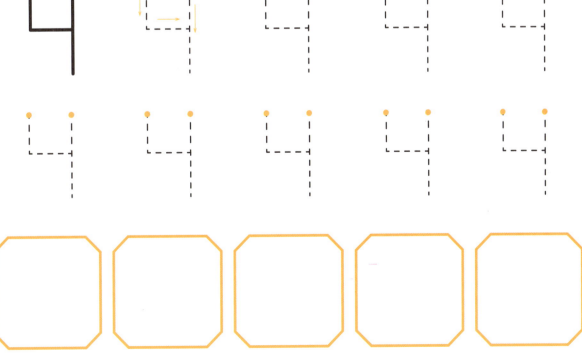

🤡 Desenhe completando o conjunto de bonecas até chegar à quantidade 4. Depois, pinte-as.

🤡 Escreva o número 4.

— Quantas crianças cantam no coral?
Conte apontando com o dedo.

 Trace o número 5.

 Cubra o tracejado do número 5 e, depois, copie-o.

🤡 Conte os patinhos e numere-os na sequência. Depois, circule o patinho de número 5.

 Escreva o número 5.

5				

— Quantas crianças brincam de cabo de guerra? Conte apontando com o dedo.

Trace o número 6.

Cubra o tracejado do número 6 e, depois, copie-o.

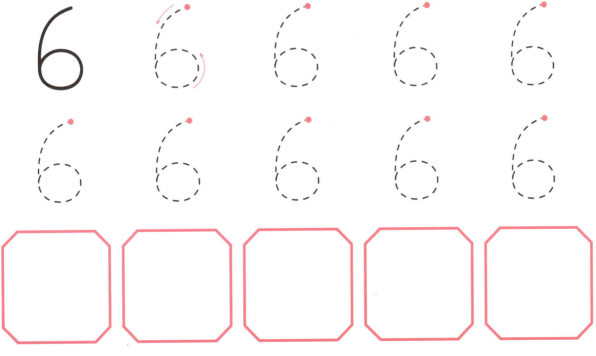

🤡 Desenhe completando o conjunto de carrinhos até chegar à quantidade 6. Depois, pinte-os.

— **Quantos carrinhos você desenhou?**

🤡 Escreva o número 6.

6				

— Quantas crianças brincam na casinha?
Conte apontando com o dedo.

Trace o número 7.

Cubra o tracejado do número 7 e, depois, copie-o.

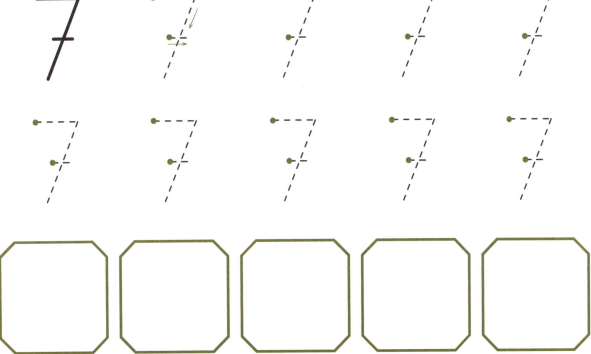

Ligue o macaquinho a **7** bananas. Depois, numere-as.

Escreva o número **7**.

7				

— Quantas crianças brincam de roda?
Conte apontando com o dedo.

Trace o número 8.

Cubra o tracejado do número 8 e, depois, copie-o.

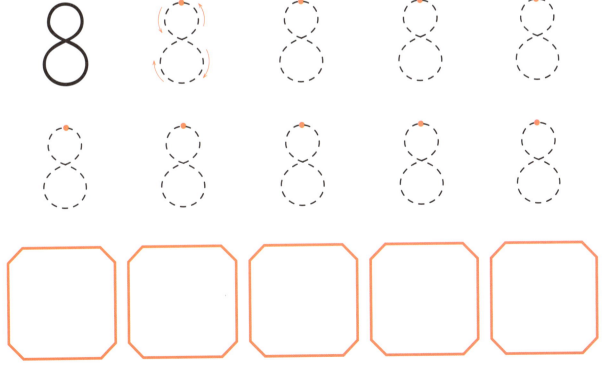

Conte os trenzinhos e numere-os na sequência. Depois, circule o trenzinho de número 8.

Escreva o número 8.

— Quantas crianças jogam futebol?
Conte apontando com o dedo.

Trace o número 9.

Cubra o tracejado do número 9 e, depois, copie-o.

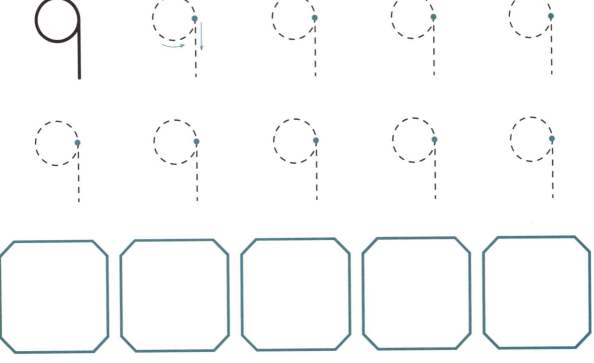

🤡 Desenhe 9 maçãs para representar esse número. Depois, pinte-as.

🤡 Escreva o número 9.

9				

Revisando os números de 0 a 9

Conte os ovos que cada galinha botou e pinte o número que representa essa quantidade.

🎪 Cante a cantiga. Conte os dedinhos de Mariana, desenhe bolinhas nos vestidos dela para representar as quantidades e escreva os números correspondentes.

Mariana conta 1

**Mariana conta 1, é 1, é 1, é
Ana, viva Mariana, viva Mariana...**

Cantiga.

Escreva os números que completam a sequência.

Agora, escreva os números de 0 a 9 na sequência.

Unidades e dezenas

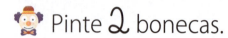 Pinte 2 bonecas.

Você pintou 2 **elementos**.
Você pintou 2 **unidades**.
Cada elemento recebe o nome de unidade.

 Circule 3 unidades.

— **Quantas unidades há em cada sequência?**

Pinte um quadrinho para cada unidade. Depois, escreva o número no espaço indicado.

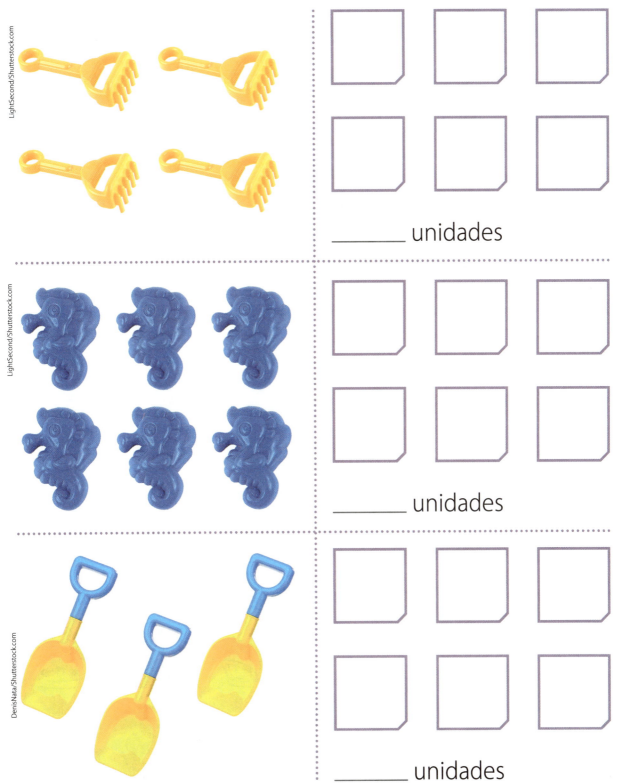

_____ unidades

_____ unidades

_____ unidades

🤡 Pinte **10** carrinhos.

Você pintou **10 unidades**.
Você pintou **1 dezena**.

10 unidades formam 1 dezena.

🤡 Circule **1** dezena de coroas.

 Circule os números que aparecem na cantiga e pinte aquele que representa 1 dezena.

 Complete o desenho de modo que o bote fique com 1 dezena de indiozinhos.

Indiozinhos

1, 2, 3 **indiozinhos,**

4, 5, 6 **indiozinhos,**

7, 8, 9 **indiozinhos,**

10 **num pequeno bote.**

Cantiga.

Números naturais de 10 a 20

— Quantas minhoquinhas estão rastejando?

 Numere as minhoquinhas de 1 a 10.

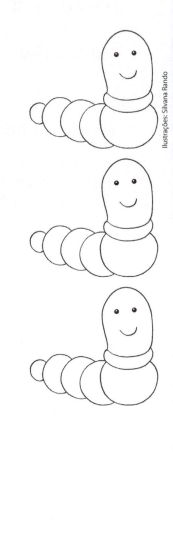

 Agora, pinte as minhoquinhas acima de acordo com a legenda.

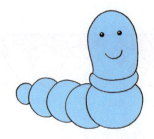 1 dezena

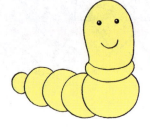 0 unidade

Desenhe no conjunto os sorvetes que faltam para completar a quantidade de elementos pedida na etiqueta.

Cubra o tracejado do número 10 e, depois, copie-o.

10 10 10 10 10
10 10 10 10 10

— **Quantos patinhos estão nadando?**

Numere os patinhos de **1** a **11**.

Agora, pinte os patinhos acima de acordo com a legenda.

 1 dezena

 1 unidade

Desenhe no conjunto os peixinhos que faltam para completar a quantidade de elementos pedida na etiqueta.

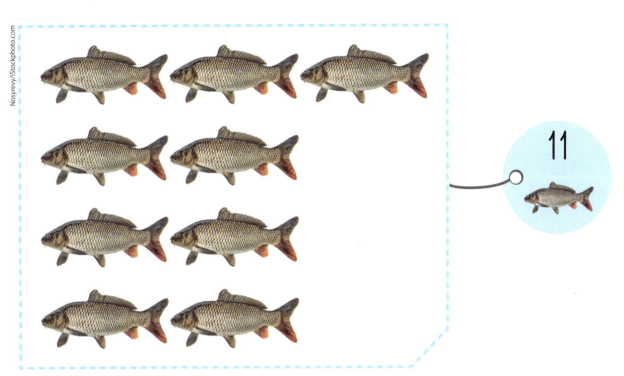

Cubra o tracejado do número 11 e, depois, copie-o.

11 11 11 11 11
11 11 11 11 11

— **Quantos elefantinhos estão andando?**

Numere os elefantinhos de **1** a **12**.

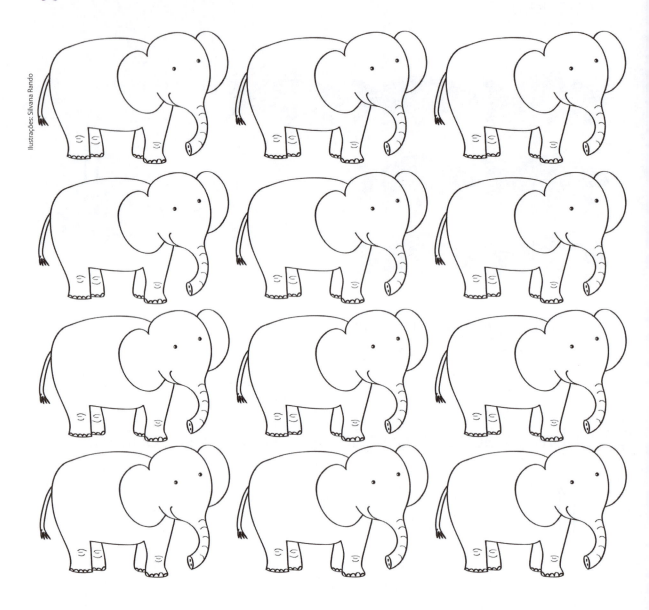

Agora, pinte os elefantinhos acima de acordo com a legenda.

 1 dezena

 2 unidades

👦 Desenhe no conjunto as tigelinhas que faltam para completar a quantidade de elementos pedida na etiqueta.

👦 Cubra o tracejado do número 12 e, depois, copie-o.

12 12 12 12 12
12 12 12 12 12

— **Quantos ursinhos estão sorrindo?**

Numere os ursinhos de **1** a **13**.

Agora, pinte os ursinhos acima de acordo com a legenda.

 1 dezena

 3 unidades

Desenhe no conjunto as joaninhas que faltam para completar a quantidade de elementos pedida na etiqueta.

Cubra o tracejado do número 13 e, depois, copie-o.

13 13 13 13 13
13 13 13 13 13

— **Quantos canguruzinhos estão pulando?**

Numere os canguruzinhos de **1 a 14**.

Agora, pinte os canguruzinhos acima de acordo com a legenda.

 1 dezena

 4 unidades

Desenhe no conjunto os chapeuzinhos que faltam para completar a quantidade de elementos pedida na etiqueta.

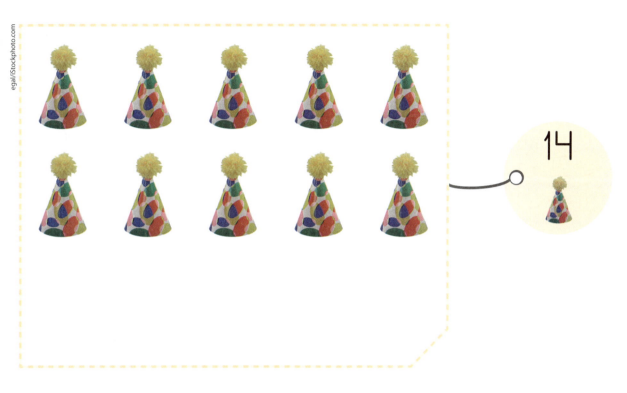

Cubra o tracejado do número 14 e, depois, copie-o.

— **Quantas tartaruguinhas estão apostando corrida?**

Numere as tartaruguinhas de **1** a **15**.

Agora, pinte as tartaruguinhas acima de acordo com a legenda.

 1 dezena

 5 unidades

🤡 Desenhe no conjunto os pirulitos que faltam para completar a quantidade de elementos pedida na etiqueta.

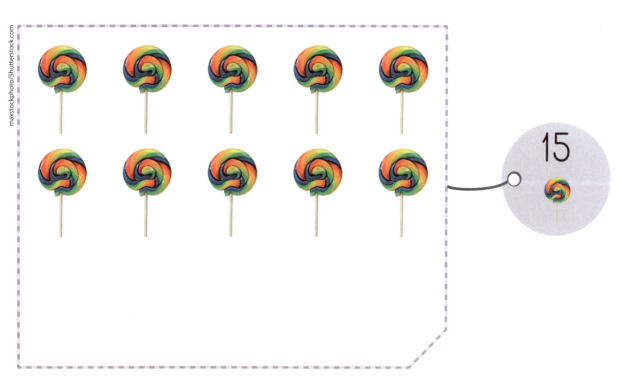

🤡 Cubra o tracejado do número 15 e, depois, copie-o.

15 15 15 15 15
15 15 15 15 15

— **Quantas porquinhas estão felizes?**

Numere as porquinhas de **1** a **16**.

Agora, pinte as porquinhas acima de acordo com a legenda.

1 dezena   6 unidades

🤡 **Desenhe no conjunto os pintinhos que faltam para completar a quantidade de elementos pedida na etiqueta.**

🤡 **Cubra o tracejado do número 16 e, depois, copie-o.**

16   16   16   16   16

16   16   16   16   16

— **Quantos jacarezinhos estão pensativos?**

Numere os jacarezinhos de **1** a **17**.

Agora, pinte os jacarezinhos acima de acordo com a legenda.

 1 dezena

 7 unidades

🤡 Desenhe no conjunto os bloquinhos que faltam para completar a quantidade de elementos pedida na etiqueta.

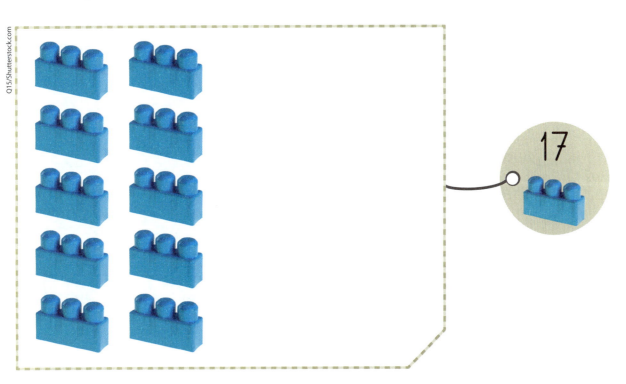

🤡 Cubra o tracejado do número **17** e, depois, copie-o.

17 17 17 17 17
17 17 17 17 17

243

— Quantos caranguejos estão alegres?

Numere os caranguejos de **1** a **18**.

Agora, pinte os caranguejos acima de acordo com a legenda.

 1 dezena

 8 unidades

Desenhe no conjunto as florezinhas que faltam para completar a quantidade de elementos pedida na etiqueta.

Cubra o tracejado do número **18** e, depois, copie-o.

— **Quantos ratinhos estão passeando?**

Numere os ratinhos de **1** a **19**.

Agora, pinte os ratinhos acima de acordo com a legenda.

1 dezena   9 unidades

Desenhe no conjunto os baldinhos que faltam para completar a quantidade de elementos pedida na etiqueta.

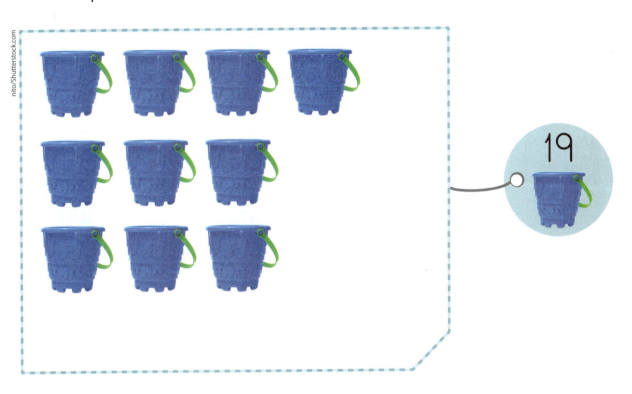

Cubra o tracejado do número 19 e, depois, copie-o.

— **Quantas corujinhas estão observando você?**

Numere as corujinhas de 1 a 20.

Agora, pinte as corujinhas acima de acordo com a legenda.

 2 dezenas

 0 unidade

🤡 Desenhe no conjunto as pulseirinhas que faltam para completar a quantidade de elementos pedida na etiqueta.

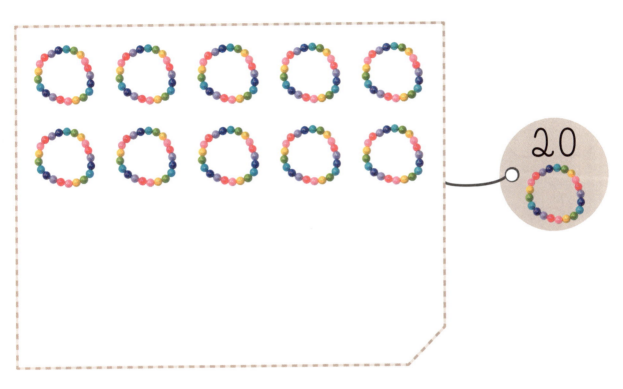

🤡 Cubra o tracejado do número 20 e, depois, copie-o.

20 20 20 20 20
20 20 20 20 20

249

Revisando os números de 1 a 20

Copie os números de 1 a 20 em ordem crescente.

Escreva nos porquinhos os números vizinhos.

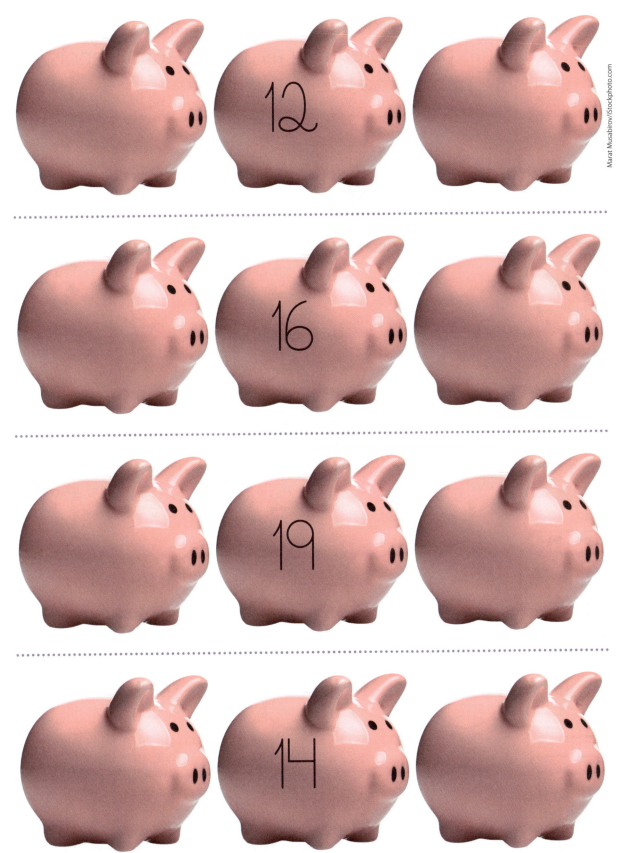

Vamos contar?

Conte quantos elementos há de cada bichinho e pinte as bolinhas para representar as quantidades. Depois, escreva o número no tracinho.

Observe os pontos dos dados de cada criança e pinte o número de casas correspondente. Depois, circule a criança que está ganhando o jogo.

— **Veja a mamãe pata e seus filhotes!**

 Quantos patinhos estão com a mamãe?  Quantos patinhos estão chegando?

— **Quantos patinhos ficaram com a mamãe no total?**

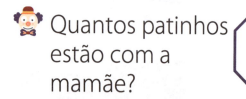 Desenhe-os com a mamãe e escreva o número que representa a quantidade.

 A mamãe está com todos os seus filhotes agora.

254

É tempo de Natureza

Quando toca a retreta,
Na praça repleta,
Se cala o trombone,
Se toca a trombeta.

Parlenda.

SUMÁRIO

Nosso corpo 257
Hábitos de higiene 261
Os sentidos 263
Gustação
Tato
Audição
Visão
Olfato
Os animais 268
As plantas 278
Cuidados com o meio ambiente 281
O dia e a noite 283
O Sol e a chuva 286

Nosso corpo

 Cante a lenga-lenga com o professor e os colegas. Depois, observe o corpo da criança e faça uma O nas partes citadas na brincadeira.

 Desenhe um colega de corpo inteiro.

Salto, salto com os pés
Mexo, mexo com as mãos
Volto, volto a cabeça
Tapo, tapo os meus olhos
Puxo, puxo pelas orelhas
Toco, toco no nariz.
Façam todos o que eu fiz.

Lenga-lenga.

🤡 Observe o menino e diga o nome das partes do corpo dele. Depois, ligue cada parte à sua localização no corpo.

🤡 Desenhe um chapéu na cabeça do menino.

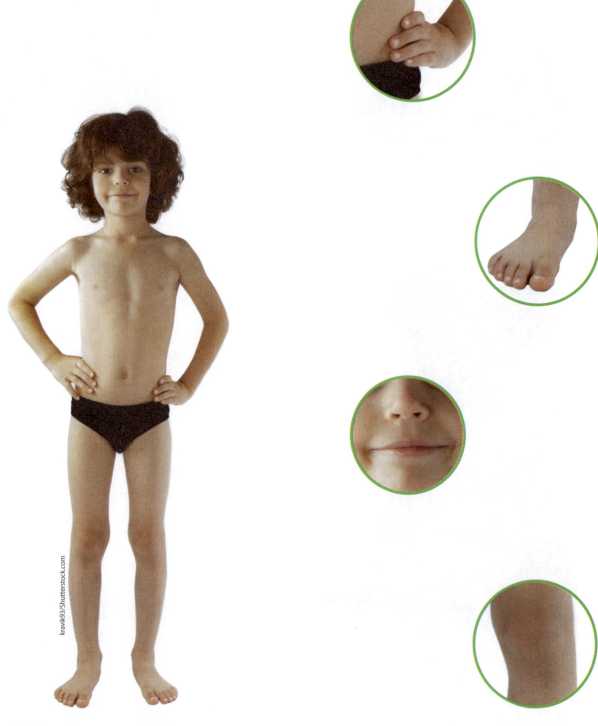

Nosso corpo tem membros, que são as pernas e os braços.

As crianças brincam na praia. Pinte apenas os membros delas.

🤡 Complete a figura do menino e pinte apenas seu tronco.

🤡 Observe as partes do corpo destacadas e pinte a quantidade de quadrinhos que representa quantas dessas partes temos no corpo.

Quantos temos de cada?

Hábitos de higiene

– O que cada criança está fazendo em cada cena?

 Pinte de **azul** os itens que cada criança está usando para cuidar de sua higiene pessoal.

Ilustrações: Camila de Godoy

Pesquise em panfletos de supermercados fotos de produtos que você costuma usar quando faz a higiene de seu corpo e cole-as no quadro abaixo. Depois, no quadro menor, desenhe você tomando banho.

Compare sua pesquisa com a dos colegas e observe quais produtos apareceram mais.

Os sentidos

É por meio dos cinco sentidos que percebemos o mundo. Nossos sentidos são: gustação, tato, audição, visão e olfato.

Os órgãos dos sentidos são: língua, pele, orelhas, olhos e nariz.

- Pinte as imagens e circule apenas os alimentos que são doces.
- Desenhe no último quadro a parte do corpo que usamos para **sentir os sabores**.

Ilustrações: Silvana Rando

De olhos vendados, a menina descobrirá qual é a fantasia de seus colegas:

– Que orelhas compridas... É um coelhinho!
– Tem nariz redondo... É um palhacinho!
– Usa uma capa... É um super-herói!

Marque as cenas de acordo com a legenda.

/ Coelhinho   + Palhacinho   O Super-herói

Desenhe no último quadro a parte do corpo que usamos para **apalpar** os objetos.

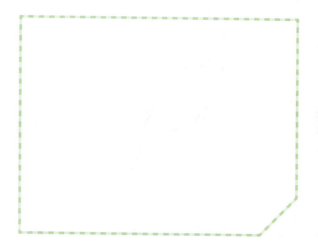

– **Vamos brincar com o jogo dos sons?**

Ouça os sons que o professor vai imitar e pinte a ○ do objeto correspondente. Depois, imite cada som e compare as respostas com os colegas.

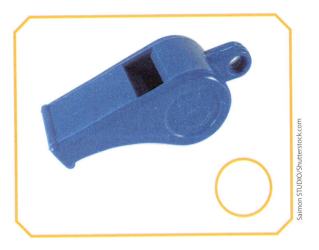

– O que você gosta de observar?

Observe as cenas e numere-as de acordo com a legenda.

1. Sofia come uma fruta.
2. Felipe está na praia.
3. Felipe e Sofia brincam juntos.

Desenhe no último quadro a parte do corpo que usamos para **ver**.

Observe as imagens e classifique os cheiros completando as carinhas de acordo com a legenda.

 Gosto desse cheiro.

 Não gosto desse cheiro.

 Desenhe no último quadro a parte do corpo que usamos para **sentir cheiros**.

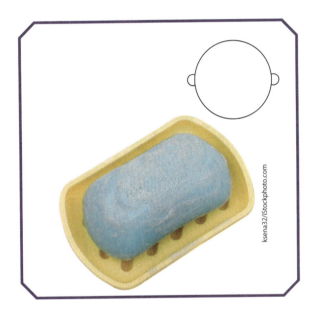

Os animais

Os animais são seres vivos. Eles precisam de ar, água e alimentos para viver.

Cubra o pontilhado para formar um animal.

- Qual animal você formou?
- O que você sabe sobre esse animal?

– Vamos cantar?

Cachorrinho está latindo
Lá no fundo do quintal.
Cala a boca, cachorrinho,
Deixa o meu benzinho entrar.

Cantiga.

O cachorro é um animal domesticado. Ele é amigo fiel e companheiro de seu dono.

Complete a cena desenhando outro animal domesticado. Depois, pinte-o.

Os animais silvestres vivem livremente nas matas e florestas.

Pinte os espaços em que aparecem pontinhos para descobrir um animal silvestre. Use as cores indicadas para pintar.

– Qual animal apareceu?
– Por que não podemos criar um leão em casa?

– Você sabia que alguns produtos e alimentos são de origem animal?

 Ligue os alimentos aos animais.

  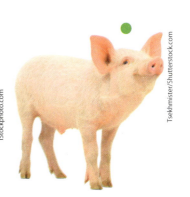

As aves têm bico, corpo coberto de penas e botam ovos.

- Conte uma história observando as cenas.
- Pinte os ovos para indicar a sequência dos fatos. Depois, desenhe o final da história.

– De que é coberto o corpo das ovelhinhas?

Cubra o tracejado e, depois, cole pedacinhos de algodão no corpo da ovelhinha.

Os peixes vivem na água e têm o corpo coberto de escamas ou pele especial.

Cubra o tracejado e, depois, cole lantejoulas ou pedacinhos de papel laminado no corpo do peixinho.

Pinte a resposta de cada adivinha.

O que é, o que é?
Vive na beira do rio,
mas só pesca moscas.

Adivinha.

O que é, o que é?
Bebe leite, mas não bebe café.
Fica no telhado, mas não é chaminé.

Adivinha.

– O que cada animalzinho gosta de comer?

 Siga os pontilhados para descobrir as respostas.

Os animais também têm moradia.

 Leve cada animal a sua casa.

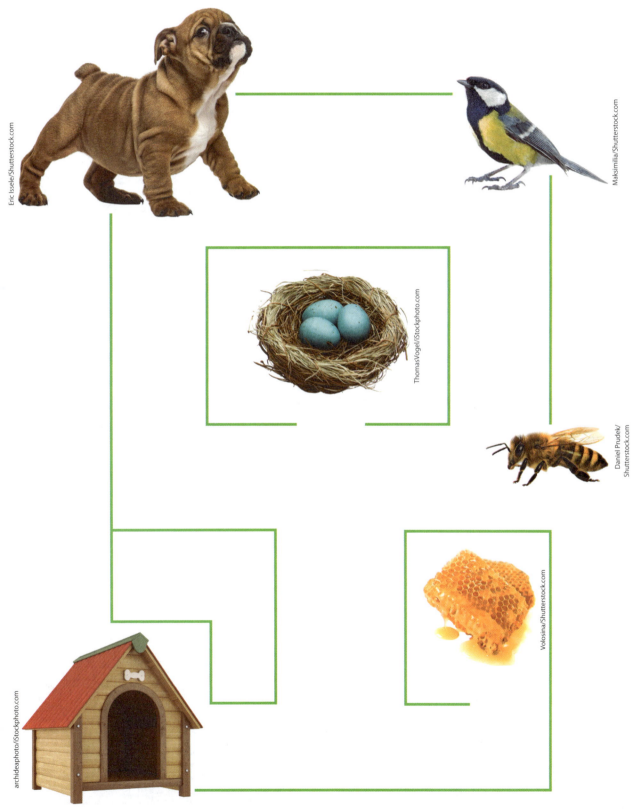

As plantas

As plantas são seres vivos. Elas nascem, crescem, desenvolvem-se, podem se reproduzir e morrem.

 Complete cada cena desenhando o que falta. Siga as orientações. Depois, pinte o último quadro.

Felipe joga sementes na terra adubada.

As sementes precisam de água para brotar.

O Sol é uma fonte de luz e calor importante para as plantas se desenvolverem.

Com tantos cuidados, as plantas cresceram saudáveis.

– **Você já viu estas plantas?**

 Desenhe e pinte a fruta que cada planta nos oferece.

Macieira

Bananeira

Laranjeira

Cole pedacinhos de papel verde na copa da árvore. Depois, recorte de revistas figuras de pássaros, flores ou frutas para completar a colagem.

Cuidados com o meio ambiente

Circule as cenas que mostram atitudes de valorização e preservação da natureza.

Pinte cada lixeira com a cor indicada na legenda.

 Depois, ligue cada lixo reciclável à lixeira correta.

Vidro.

Papel.

Metal.

Plástico.

 PAPEL

 VIDRO

 PLÁSTICO

 METAL

O dia e a noite
– Agora é noite ou dia?

 Contorne a resposta com cola colorida.

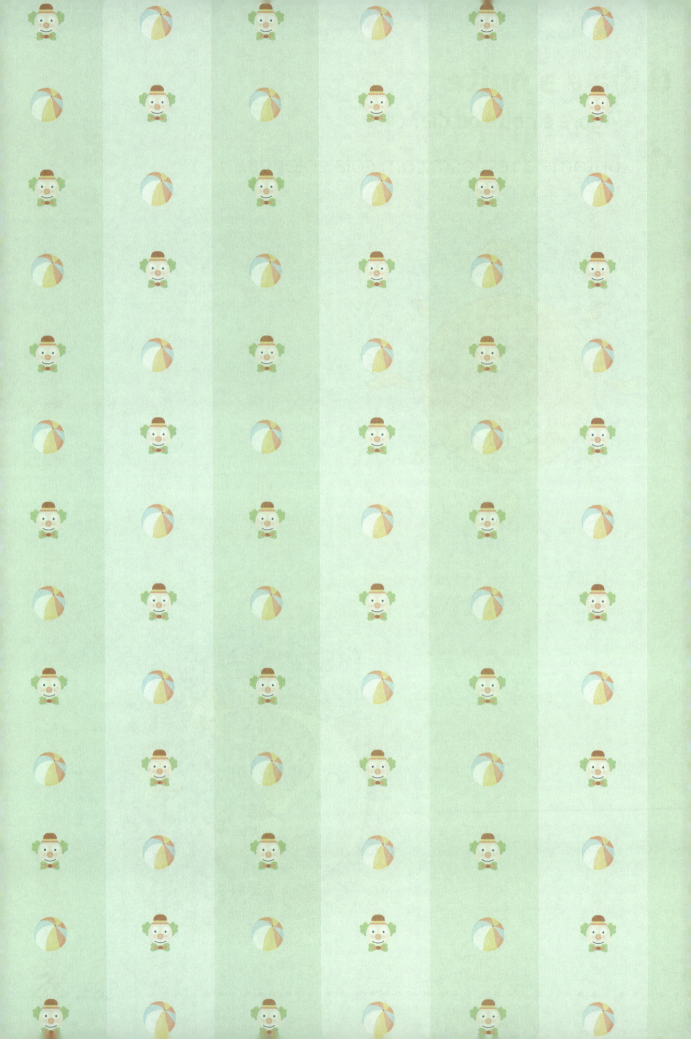

– Em qual período você acha que cada cena abaixo aconteceu?

 Para o **dia**, pinte o e, para a **noite**, pinte a .

– Agora é dia ou noite?

O Sol e a chuva

O Sol está tão lindo,
Brilhando lá no céu.
E viva (nome),
Que é doce como mel.

Quadrinha.

– **Como está o tempo hoje?**

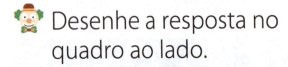 Desenhe a resposta no quadro ao lado.

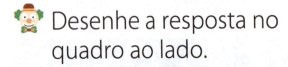 Agora, circule quem está vestido adequadamente para um dia como hoje.

🤡 Faça um desenho mostrando o que você já sabe sobre as variações do tempo.

🤡 Acompanhe a leitura do professor e aprenda a quadrinha.

🤡 Pinte o guarda-chuva de cada criança da mesma cor de cada capa.

🤡 Depois, passe tinta **azul** na ponta do dedo indicador e carimbe mais gotas de chuva.

**Chuva, chuvinha
Molha a cabeça da Aninha!
Chuva, chuvão
Molha a cabeça do João!**

Quadrinha.

É tempo de Sociedade

A-do-le-tá
Le peti
Le tomá
Le café com chocolá
A-do-le-tá
Puxa o rabo do tatu
Quem saiu foi tu.

Parlenda.

SUMÁRIO

A criança 291
A família 298
A casa 301
A escola 306
Boas maneiras 311
Diversidade 313
A comunidade 315
O trânsito 316
Os meios de transporte 319
Os meios de comunicação 323
As profissões 327
Datas comemorativas 331
  Carnaval 332
  Páscoa 333
Dia Nacional do Livro Infantil 334
Dia do Índio 337
Dia das Mães 339
Dia Mundial do Meio
Ambiente e da Ecologia 341
Festas Juninas 342
Dia dos Pais 345
Dia do Folclore 346
Dia da Pátria 349
Dia da Árvore 351
Dia Mundial dos Animais 353
Dia da Criança 355
Dia do Professor 357
Dia da Bandeira 359
Dia Nacional da
Consciência Negra 361
Natal 365

A criança

- 🤡 Cole uma fotografia do seu rosto na camiseta do ursinho.
- 🤡 Destaque a folha e, com a ajuda do professor, recorte o ursinho.
- 🤡 Depois, amarre um cordão para pendurá-lo em seu pescoço.

Modelo:

Pinte a roupa da criança que melhor representa você. Depois, escreva seu nome na linha abaixo.

**Quem quiser saber meu nome
Dê uma volta no jardim.
O meu nome está escrito
Numa folha de jasmim.**

Quadrinha.

Circule de verde o que você já consegue fazer sozinho e de **azul** o que você faz com a ajuda de um adulto.

Escorregar, girar, balançar, subir, descer...
– O que você gosta de fazer no parquinho?
– Com quem você gosta de brincar?

 Faça um **X** nas crianças que estão no ponto mais alto de cada brinquedo. Depois, complete a cena desenhando você e um amigo brincando no escorregador.

– Quem gostaria de brincar com estes brinquedos?

Pinte as bolinhas dos brinquedos com os quais você gostaria de brincar.

– O que o deixa bem feliz?
– E quando você fica zangado?

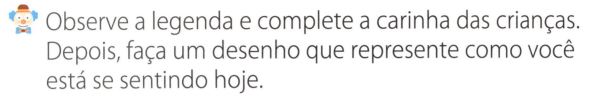 Observe a legenda e complete a carinha das crianças. Depois, faça um desenho que represente como você está se sentindo hoje.

Se alguma coisa deixa você triste ou zangado, converse com uma pessoa de quem goste muito e conte para ela.

A família

O importante em uma família é o amor, a união e o respeito entre as pessoas.

Cada família é formada de um jeito.

– Como é sua família?

Pinte de **vermelho** o ♡ da família que mais se parece com a sua.

Há famílias grandes e pequenas.
– Com quem você mora? Quem faz parte de sua família?

 Desenhe e pinte sua família. Depois, circule a imagem que representa você.

Uma dessas crianças mora com a vovó.
– Qual será ela?

Cubra o tracejado, descubra a resposta e pinte-a. Depois, pinte a vovó também.

A casa

 Pinte o passarinho e ligue-o a todas as portas que estão abertas.

Nossa casa é nosso abrigo

Minha casinha é alegre e perfumada
No jardim há muitas flores
Os pássaros sempre vêm
Pra cantar os seus amores.

Quadrinha.

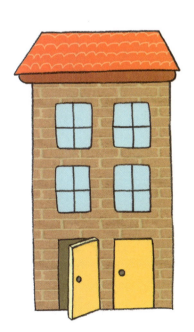

A nossa moradia é o nosso abrigo.

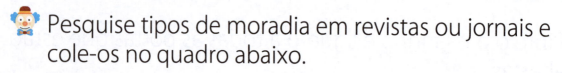 Pesquise tipos de moradia em revistas ou jornais e cole-os no quadro abaixo.

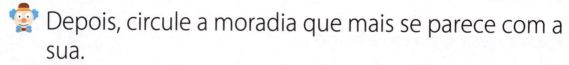 Depois, circule a moradia que mais se parece com a sua.

– Onde devemos guardar cada coisa?

Ligue cada item ao lugar em que ele deve ser guardado.

– **O que há em seu quarto?**

Compare as duas cenas e circule tudo o que está diferente entre elas.

Faça um **X** no quadrinho do quarto que está organizado.

O que há em seu quarto?

– **Maria, está na hora de almoçar!**

🤡 Observe esta cena. Pinte a Maria e ligue-a ao lugar em que fazemos as refeições.

🤡 Agora, faça uma ⭕ no lugar onde Maria dorme.

A escola

Na escola aprendemos muitas coisas importantes para o nosso desenvolvimento e fazemos muitos amigos também. Toda criança deve frequentar a escola.

 Desenhe os alunos desta professora chegando à escola.

– **Qual é o nome da escola em que você estuda?**
Imagine que estas crianças estudam na mesma escola que você.

Pinte o uniforme delas igual ao seu.

– Como é sua rotina na escola?

Circule as cenas de acordo com a legenda.

○ roda de histórias ○ hora do lanche
○ exposição de atividades ○ aula de Arte

– É hora de brincar na escola!

 Converse com os colegas sobre as brincadeiras que você mais gosta de brincar na escola.

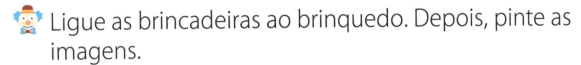 Ligue as brincadeiras ao brinquedo. Depois, pinte as imagens.

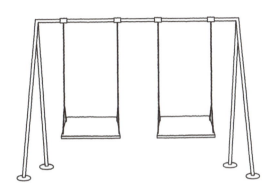

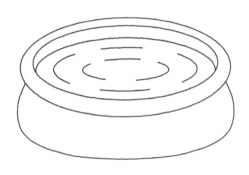

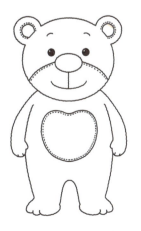

– O que você mais gosta de fazer na sala de aula?

Pinte a criança que está realizando a atividade que você mais gosta de fazer em sala de aula.

Boas maneiras

– Como você se comporta na escola?

 Pinte os triângulos de acordo com a legenda para indicar como você se comporta em cada caso.

 Sim, na maioria das vezes.

 Preciso melhorar.

△ Auxilio alguém que precisa de ajuda?

△ Espero minha vez na fila?

△ Sou amigo de todos?

△ Compartilho os brinquedos?

– **Depois de usar cada objeto, vamos guardá-lo em seu lugar?**

Pinte cada objeto e ligue-o ao lugar onde deve ser guardado.

Diversidade

 Cubra os cabelos das carinhas com as cores que quiser, seguindo os traços propostos.

Se todo mundo fosse igualzinho Que graça teria este mundinho?

Texto escrito especialmente para esta obra.

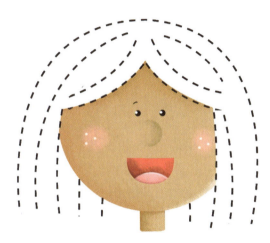

Ilustrações: Carolina Sartório

Ouça o trecho do poema que o professor lerá. Depois, faça um desenho para ilustrar o que você entendeu.

[...]
Tem criança gorda, magra,
Alta, baixa, rica e pobre
Mas todos são importantes
Como prata, ouro e cobre. [...]

Rossana Ramos. **Na minha escola todo mundo é igual.** São Paulo: Cortez, 2009. p. 12.

A comunidade

As pessoas que moram na mesma rua ou no mesmo bairro formam uma comunidade.

 Pinte o que você vê no seu bairro. Depois, desenhe algo que há no caminho de sua casa até a escola.

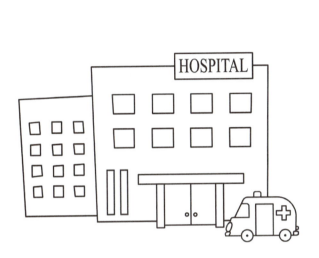

O trânsito

Trânsito é o movimento de pessoas e veículos pelas vias públicas (ruas, avenidas, pontes, estradas etc.).

Cubra os tracejados para descobrir aonde cada veículo vai. Depois, pinte os veículos com as cores indicadas.

O semáforo quebrou e o guarda de trânsito está ajudando pedestres e motoristas.

 Circule cada pedestre e faça um **X** no semáforo.

 Agora, pinte de **amarelo** a faixa de segurança e de **azul** o uniforme do guarda de trânsito.

Devemos atravessar a rua somente na faixa de segurança.

– O que você faz quando o semáforo está vermelho?

🤡 Faça uma **+** no semáforo que está fechado para pedestre.

– O que você faz quando o semáforo está verde?

🤡 Circule o semáforo que está aberto para pedestre.

🤡 Pinte os bonecos abaixo observando posição e cor dos bonecos do semáforo.

Os meios de transporte

Há vários meios de transporte e todos são importantes. Eles levam pessoas, animais e mercadorias de um lugar para o outro.

– Você precisa de um meio de transporte para chegar à escola?

- Continue desenhando uma criança em cada janelinha desse ônibus escolar.
- Pinte o meio de transporte que as crianças estão usando para chegar à escola.

**Há meios de transporte terrestres, aquáticos e aéreos.
– Por onde se locomovem estes meios de transporte: pela água, pela terra ou pelo ar?**

Ligue cada meio de transporte ao lugar correto. Depois, pinte as imagens observando as cores indicadas pelos pontinhos.

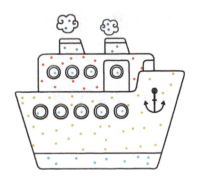

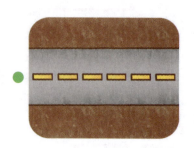

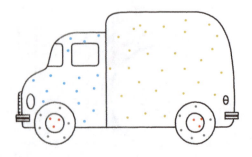

320

– **Você sabe para que servem estes meios de transporte?**

🤡 Faça uma O no veículo que transporta pessoas doentes.

🤡 Ligue o carro da polícia ao carro dos bombeiros.

🤡 Faça um / no caminhão de lixo.

Os meios de transporte sofreram transformações ao longo do tempo.

 Observe a seguir a fotografia de um carro muito antigo.

Margo Harrison/Shutterstock.com

 Agora, recorte de jornais, revistas ou panfletos a imagem de um carro atual e cole-a no espaço abaixo.

Os meios de comunicação

Para nos comunicarmos com as pessoas que estão perto ou longe de nós, usamos diferentes meios de comunicação.

Pelos meios de comunicação podemos ouvir, ver e ler diversas notícias de nosso país e do mundo, além de nos entretermos.

 Observe as imagens e desenhe na segunda televisão o que falta para que ela fique igual à primeira.

– **Como estes objetos facilitam nossa comunicação?**

Diga o nome de cada meio de comunicação. Depois, marque-os de acordo com a legenda.

X Já utilizei.   **X** Não utilizei.

Observe os meios de comunicação que as crianças estão usando e circule aquele que você mais gosta de usar. Depois, desenhe o meio de comunicação que você utiliza para assistir a desenhos.

Os meios de comunicação sofreram transformações ao longo do tempo.

Observe a seguir a imagem de um celular muito antigo. Depois, recorte de jornais, revistas ou panfletos a imagem de um celular atual e cole-o no quadro.

As profissões

Todas as profissões são importantes e merecem respeito.

 Pinte as bolinhas de acordo com a legenda.

- 🟢 Minha família já precisou desse profissional.
- 🟡 Minha família ainda não precisou desse profissional.

Médica.

Veterinário.

Garçom.

Advogada.

Policial.

Pedreiro.

Acompanhe a leitura das quadrinhas e descubra de qual profissão elas falam. Depois, pinte a cena que as ilustra.

Pá, cimento e pedra
Com barro, vou trabalhar
Faço uma linda casinha
Para quem quiser morar.

Quadrinha.

Ele acorda cedo, cedinho!
E monta a barraca no lugar.
Vende frutas bem fresquinhas
Para quem quiser comprar.

Quadrinha.

– De quem são estes chapéus?

Ligue cada chapéu a seu dono. Depois, pinte os chapéus combinando-os com a cor da roupa dos respectivos profissionais.

– Você sabe quais objetos seus familiares usam para trabalhar?

🤡 Faça uma pesquisa sobre a profissão de dois membros de sua família e traga para a escola um objeto que eles utilizam em seus trabalhos.

🤡 Depois, pesquise em jornais e revistas imagens que representem a profissão deles e cole-as no quadro. Não se esqueça de escrever o nome dos entrevistados.

Datas comemorativas

Carnaval

O Carnaval é uma festa muito popular, comemorada com músicas, danças e bastante alegria.

Pinte o traje do mestre-sala e da porta-bandeira e, depois, cole *glitter* nos adereços que eles estão usando na cabeça.

Páscoa

Na Páscoa, os cristãos comemoram a ressurreição de Jesus Cristo.

O coelho é um dos símbolos dessa data.

 Cole pedacinhos de papel laminado no ovo de Páscoa.

Dia Nacional do Livro Infantil – 18 de abril

Monteiro Lobato nasceu em 18 de abril de 1882, na cidade de Taubaté. Ele é considerado, ainda hoje, um dos maiores escritores da literatura infantojuvenil brasileira. Foi o criador de personagens famosos, como o Visconde de Sabugosa, a Dona Benta, a Tia Nastácia, o porco Marquês de Rabicó, a Narizinho, a boneca de pano Emília e muitos outros. Ele também popularizou personagens folclóricos como o Saci e a Cuca.

Para homenageá-lo, comemoramos o Dia Nacional do Livro Infantil em 18 de abril.

Monteiro Lobato, c. 1940.

Jogo da memória

1. Destaque a página 335 e cole-a em papel-cartão ou cartolina.
2. Recorte as cartelas seguindo os tracejados e junte-as com as cartelas de um colega.
3. Embaralhem-nas com a face que tem a imagem voltada para baixo.
4. Um de cada vez deve virar duas cartelas a fim de encontrar um par de figuras iguais.
5. Quem acertar fica com as cartelas e joga novamente. Quem errar passa a vez ao colega.

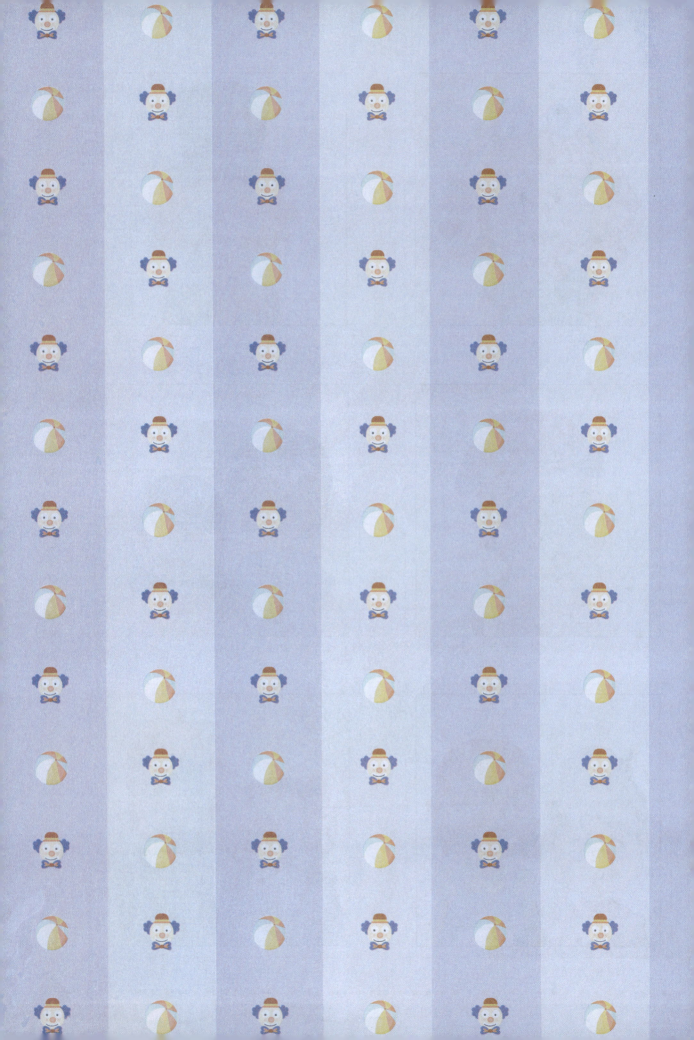

Dia do Índio – 19 de abril

Os indígenas foram os primeiros habitantes do Brasil.
– O que você sabe da vida deles?
– Você conhece algum indígena?

Ajude os curumins a proteger a mata. Cole papel picado verde na copa das árvores para preenchê-las. Depois, pinte as crianças.

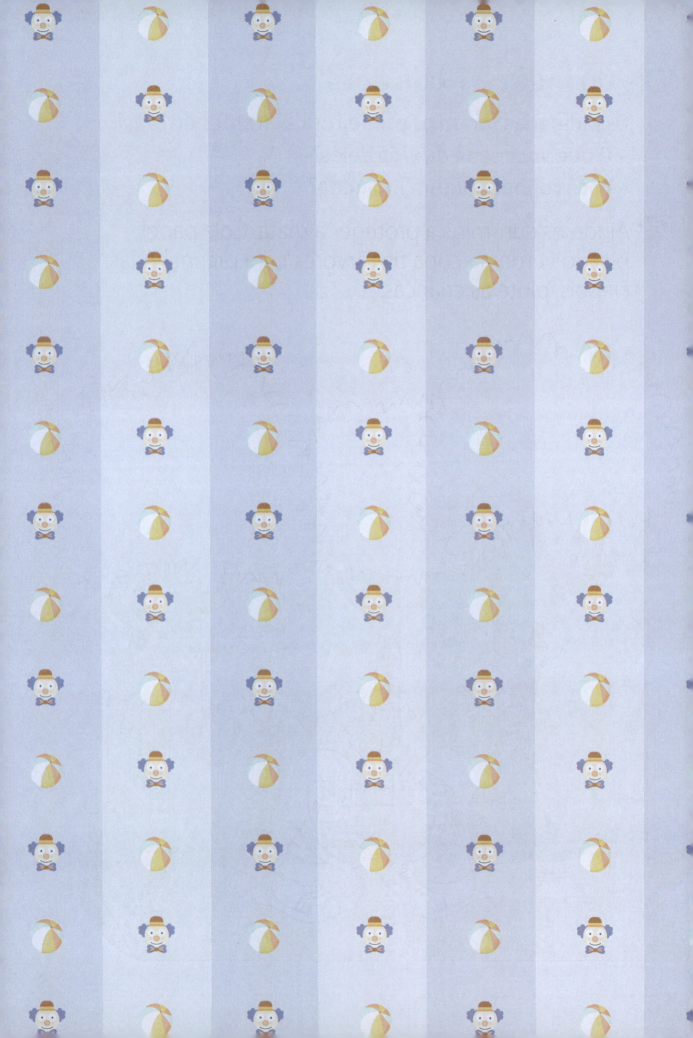

Dia das Mães – 2º domingo de maio

– Que tal agradecer à mamãe (ou a pessoa que cuida de você) por todo o carinho e a atenção que ela lhe dá?

Complete a pintura e cole lantejoulas coloridas para enfeitar os chinelos da mamãe. Depois, recorte-os e ofereça-os à mamãe.

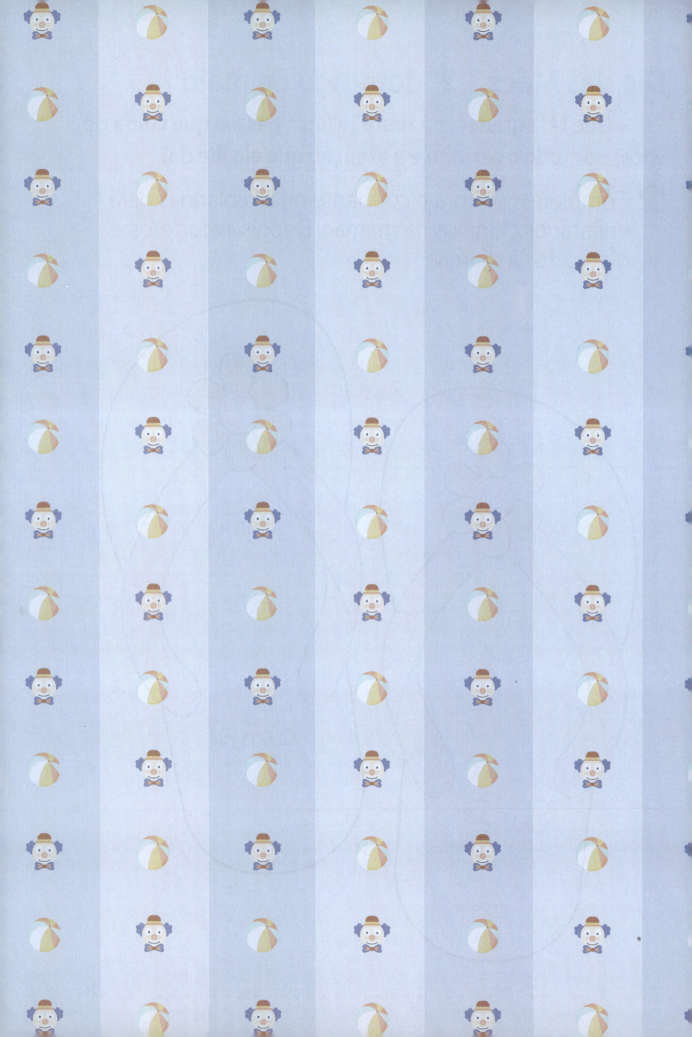

Dia Mundial do Meio Ambiente e da Ecologia – 5 de junho

Todos nós devemos preservar o meio ambiente mantendo o equilíbrio entre a fauna e a flora.
– Cuidar da natureza é nossa tarefa de todos os dias!

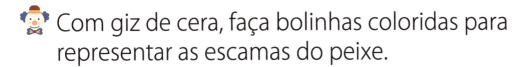 Com giz de cera, faça bolinhas coloridas para representar as escamas do peixe.

Festas Juninas – Mês de junho

A festa de São João

Na festa de São João
a fogueira ilumina o céu
e a noiva tem um imenso véu.
Tem canjica, sanfona, pé
de moleque e balão.
A quadrilha é animada,
todo mundo de roupa
remendada e quadriculada
rodando feito pião.
Bom mesmo é a correria
na hora da pescaria:
– Eu quero uma peteca –
diz a Maria da trança.
– E eu, bolinha de gude –
retruca o Zé da pança.
Mas o sono vem chegando
para acabar com a festança
e todo mundo reclama
quando uma voz macia anuncia
– Já é quase dia, vamos para a cama,
crianças.

Roseana Murray. **Fardo de carinho**.
Belo Horizonte: Lê, 1995. p. 21-22.

Pinte o caipirinha e, depois, cole pedaços de papel crepom colorido no chapéu dele.

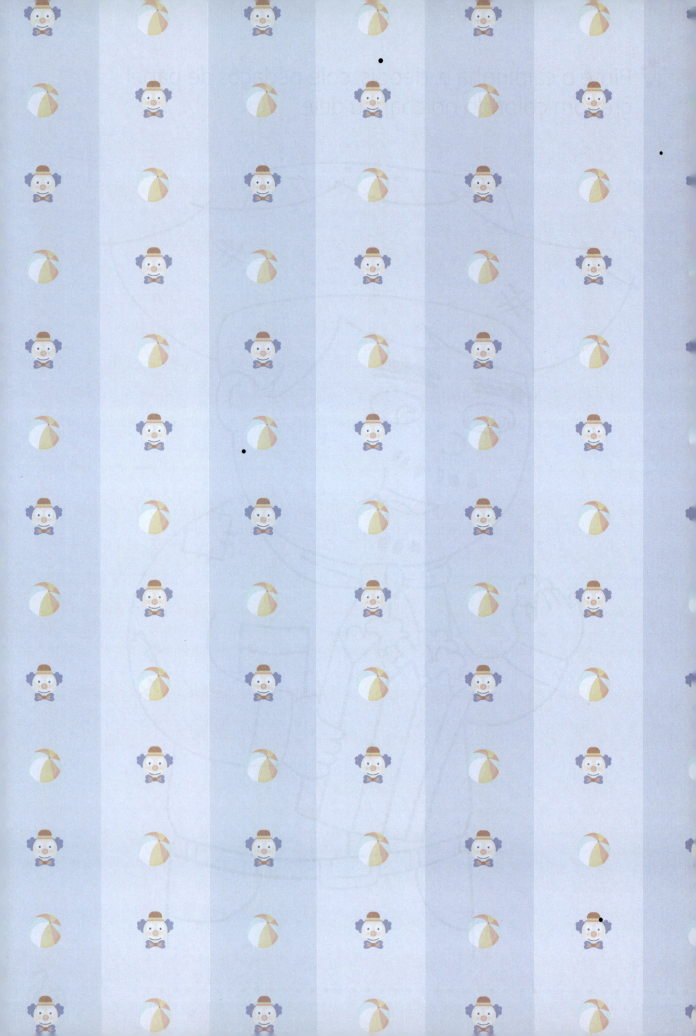

Dia dos Pais – 2º domingo de agosto

O papai (ou a pessoa que cuida de você) abraça, orienta, protege e ensina com amor. Ele cuida de você porque o ama.

Desenhe dentro do troféu o rosto de seu pai (ou da pessoa que cuida de você). Depois, contorne todo o troféu com cola colorida dourada.

Dia do Folclore – 22 de agosto

As lendas fazem parte de nosso folclore.

São histórias tão antigas que não sabemos como foram criadas, o que sabemos é que foram contadas e transmitidas de geração em geração até chegar a nós. Alguns personagens das lendas mais conhecidas são o Saci-Pererê, o Boto-Cor-de-Rosa, o Boitatá, o Curupira, o Lobisomem, a Mula Sem Cabeça, a Iara etc.

– Você conhece alguma lenda?

– Conhece algum personagem folclórico?

– Que tal ouvir a lenda da mãe-d'água que o professor lerá?

Iara, a mãe-d'água

A lenda indígena da Iara conta que ela é uma linda sereia que vive no fundo das águas. Conhecida também como a "mãe-d'água", ela tem corpo de peixe da cintura para baixo e de mulher da cintura para cima.

Alguns dizem que ela tem pele morena e cabelos longos e negros. Já outros acreditam que ela é loira, e há até quem afirme que seus cabelos são ruivos.

A sereia Iara gosta de passar muito tempo admirando a própria beleza no reflexo das águas, brincando com os peixes ou penteando seus cabelos com um pente de ouro.

Mas tenham cuidado! Dizem que, com seu belo canto e seu olhar encantador, ela hipnotiza os homens, que se jogam nas águas para ir a seu encontro e, na maioria das vezes, não voltam mais.

Texto escrito especialmente para esta obra.

Pinte os cabelos da sereia Iara e cole raspas de lápis na cauda dela.

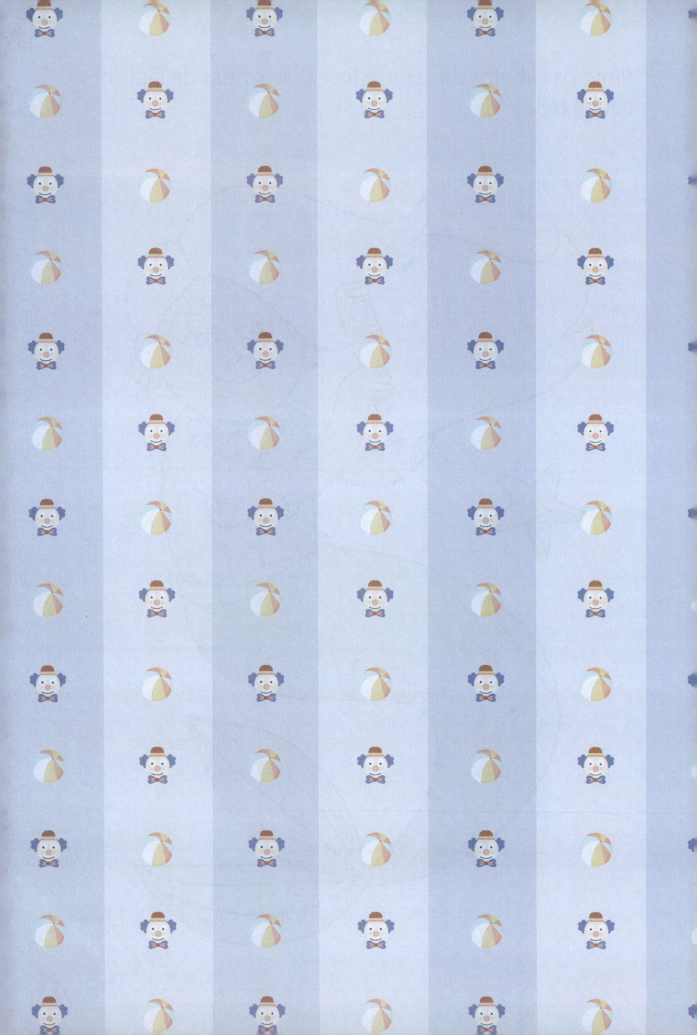

Dia da Pátria – 7 de setembro

No dia 7 de setembro de 1822, D. Pedro I libertou o Brasil de Portugal. O Brasil é nossa pátria.

 Cole bolinhas de papel crepom **verde** no contorno do mapa do Brasil.

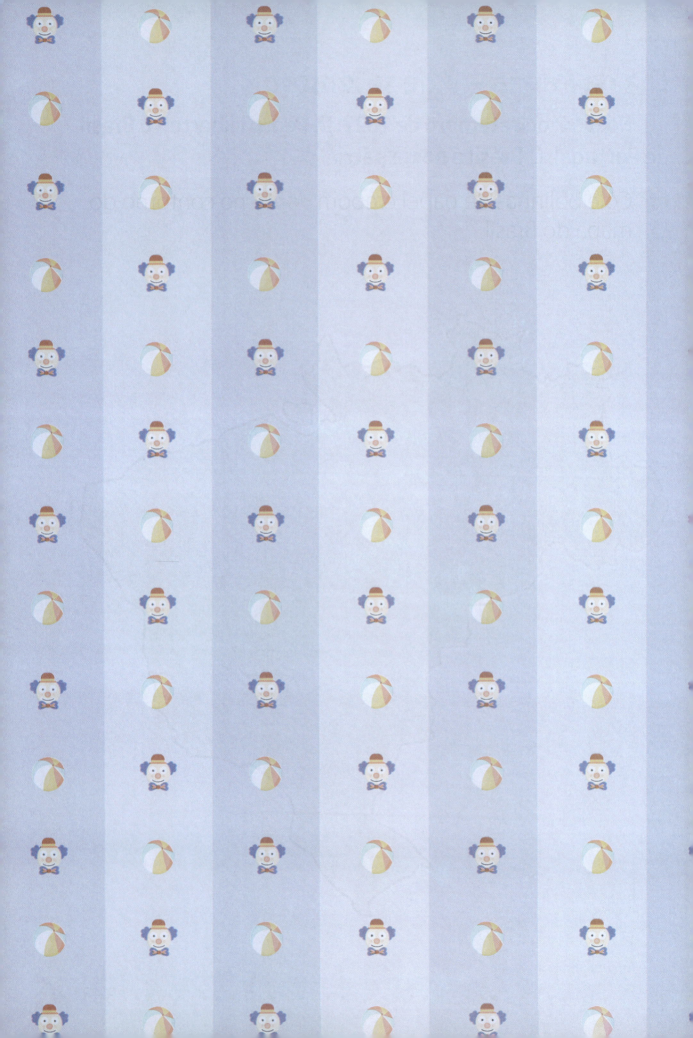

Dia da Árvore – 21 de setembro

Uma árvore pode nos oferecer muitos benefícios, como a sombra aconchegante.

– Feliz Dia da Árvore!

 Passe tinta guache **verde** em toda a palma de uma de suas mãos e carimbe-a diversas vezes nesta página, formando a copa da árvore.

Modelo:

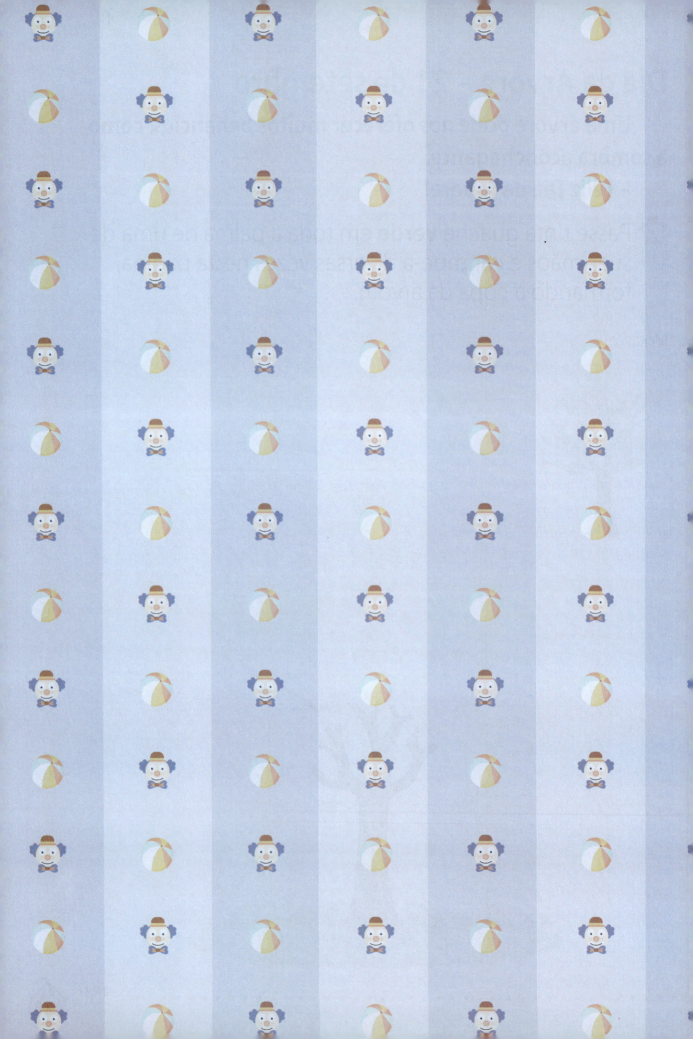

Dia Mundial dos Animais – 4 de outubro

Os animais são importantes na vida das pessoas e do planeta Terra.

Faça fantoches de peixinhos com pregadores de roupas e depois brinque com os colegas.

Modelo:

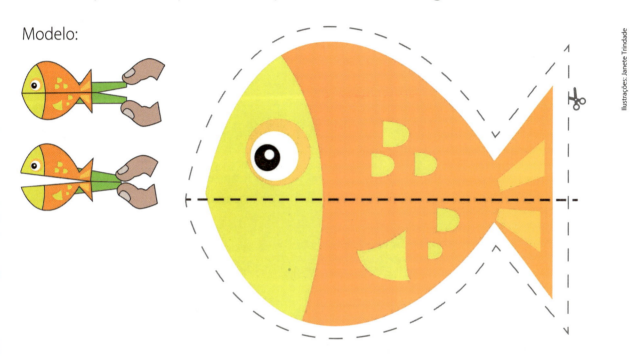

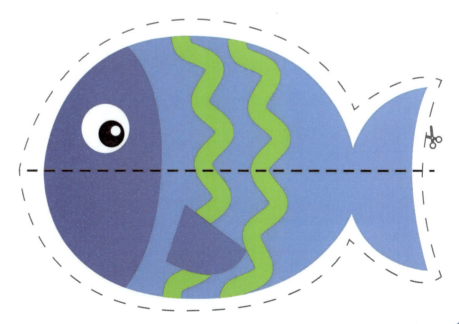

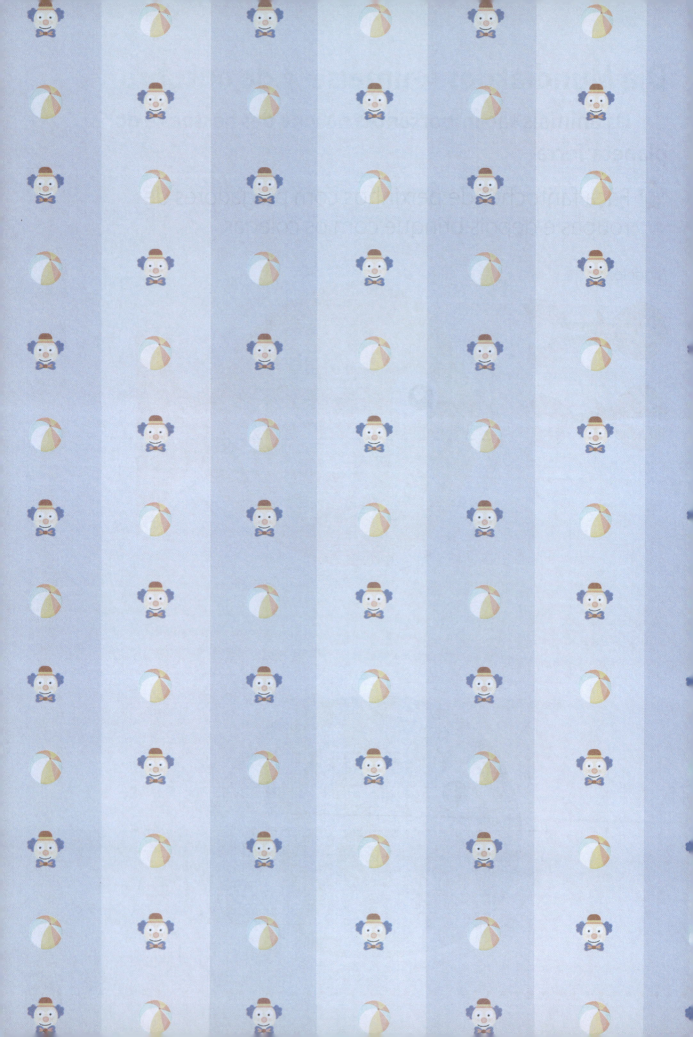

Dia da Criança – 12 de outubro

Grande é a poesia, a liberdade e as danças...
Mas o melhor do mundo são as crianças.

Fernando Pessoa.

– Vamos fazer a boquinha de um palhaço feliz para brincar?

Recorte a figura e cole-a em um canudo feito de jornal. Depois de pronto, segure o canudo colocando a boca do palhaço na frente da sua e brinque com os colegas.

Modelo:

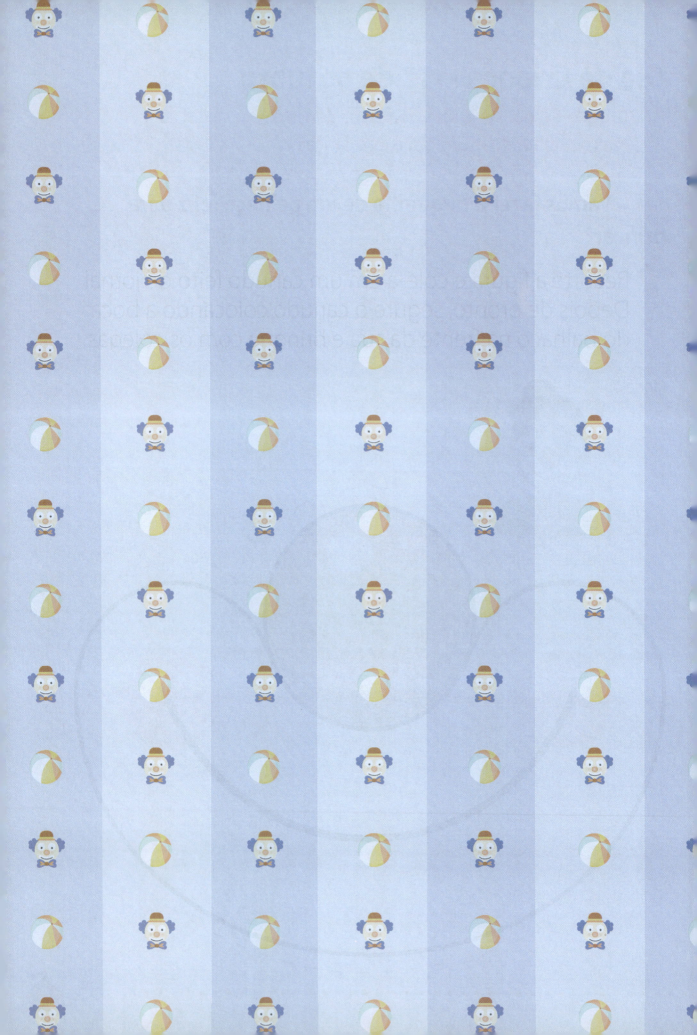

Dia do Professor – 15 de outubro

🤡 Desenhe o rosto de seu professor no miolo desta flor. Depois, cole bolinhas de papel crepom nas pétalas dela.

Lorena Kaz

– Parabéns pelo seu dia, querido professor!

Dia da Bandeira – 19 de novembro

A Bandeira Nacional deve ser respeitada. Ela é um dos símbolos de nossa pátria.

- Recorte a bandeira do Brasil seguindo o tracejado e cole uma vareta nela.

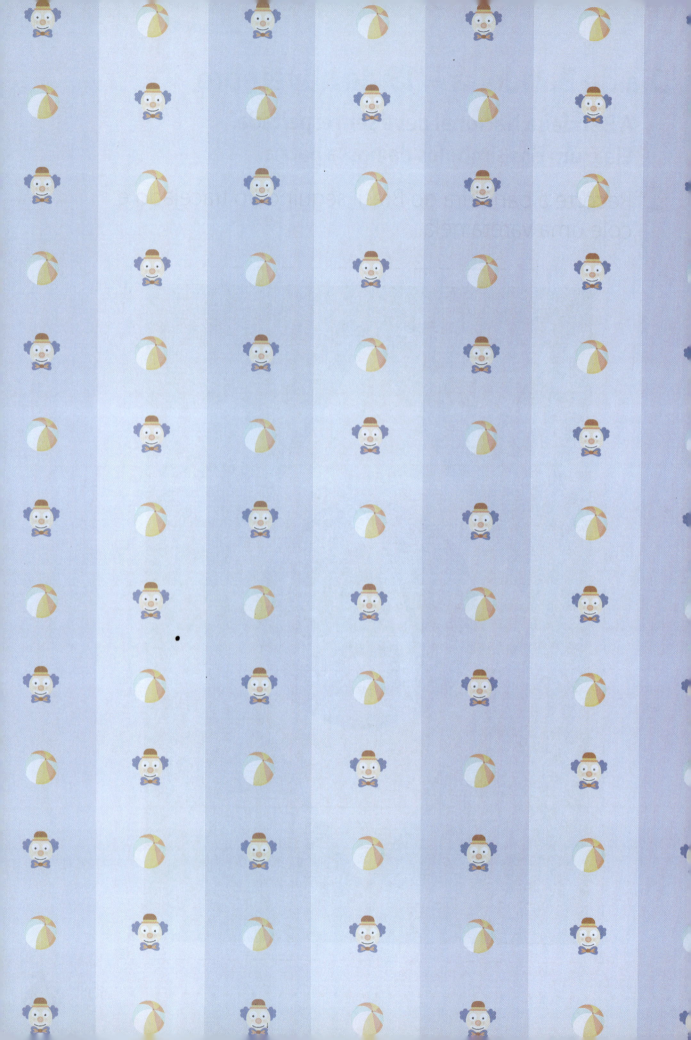

Dia Nacional da Consciência Negra – 20 de novembro

Essa data homenageia Zumbi dos Palmares, um líder negro que lutava pela libertação dos escravos.

Os africanos, com seus hábitos e costumes, contribuíram muito para o desenvolvimento do Brasil.

 Decore o mapa da África com sementes e folhas.

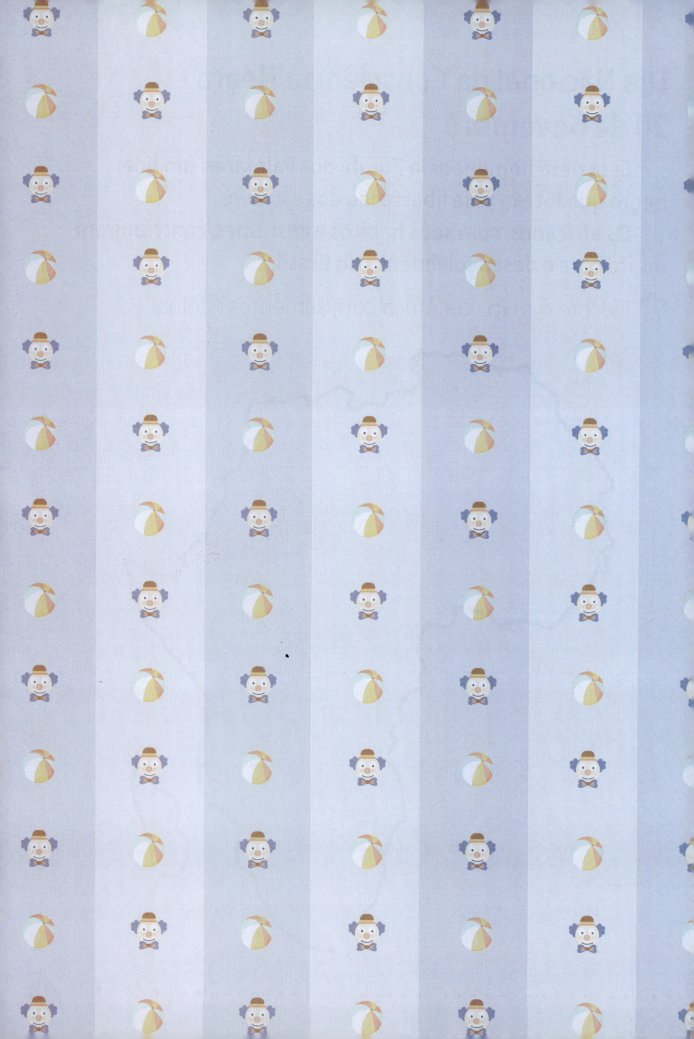

Utilize retalhos de tecido para enfeitar a roupa das crianças.

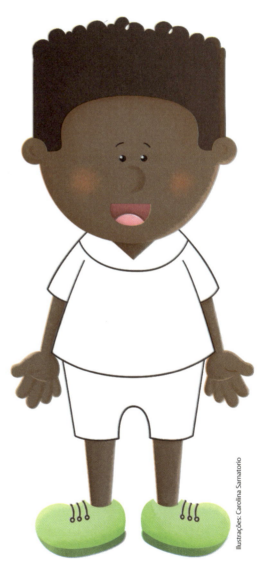

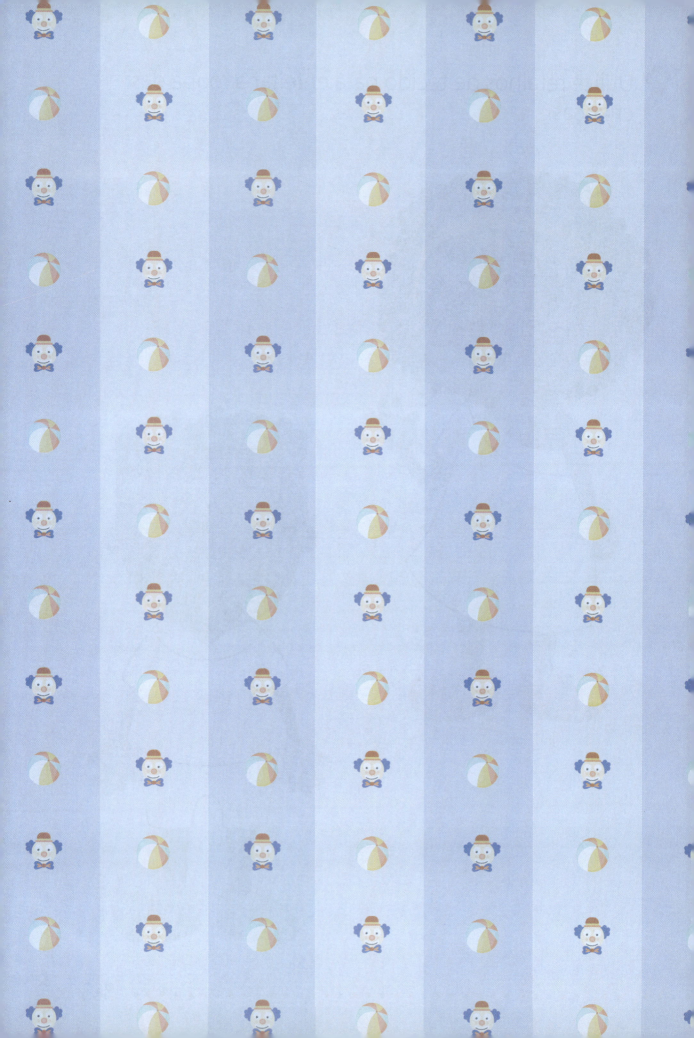

Natal – 25 de dezembro

O Natal é uma festa cristã que comemora o nascimento de Jesus Cristo.

O Papai Noel é um símbolo natalino.

- Encontre as quatro diferenças entre as imagens e cole um pedaço de EVA sobre elas.

- Depois, no quadro abaixo, faça um risquinho para cada diferença encontrada.

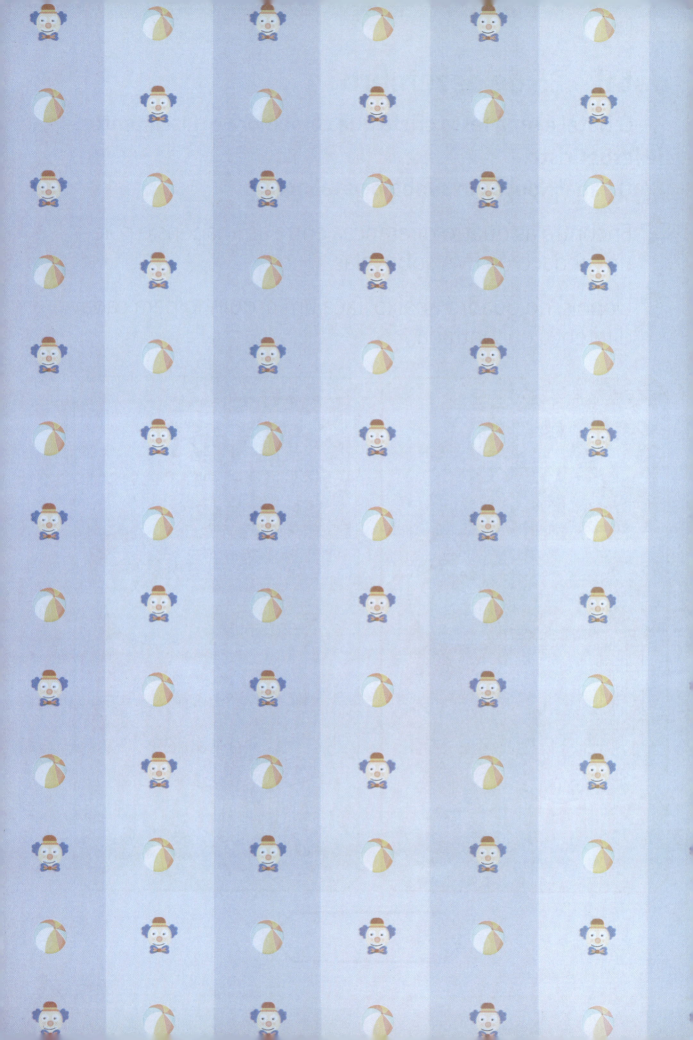

Ficha individual de observação

(Esta ficha é de uso exclusivo do professor.)

Objetivos

- ✪ Dar ao educador condições de organizar melhor suas observações sobre o desenvolvimento da criança no dia a dia.

- ✪ Delinear o perfil da criança, seus hábitos e suas preferências.

- ✪ Utilizar a ficha durante as reuniões de pais como fonte de informações sobre a criança.

Observações

- ✪ Esta ficha não pode ser trabalhada em forma de teste. Destaque-a do livro de cada criança no início do ano.

- ✪ Aconselhamos que comece a trabalhar com a ficha somente a partir do segundo bimestre, quando já conhece melhor a criança, porque, nessa faixa etária, às vezes, ela pode ter atitudes agressivas ou desordenadas na apresentação das ideias, sem que sejam suas características verdadeiras. Não espere da criança um comportamento estável. Preencha a ficha após várias observações.

- ✪ Para avaliar o grau de aprendizagem e a maturidade da criança, é preciso ouvi-la com bastante atenção e verificar seu desempenho durante toda e qualquer atividade.

- ✪ Esperamos que esta obra seja uma ferramenta de ajuda a seu criativo e dinâmico trabalho para juntos formarmos cidadãos com habilidades e atitudes positivas.

Vilza Carla

Nome: _____

Para utilizar a ficha de observação, sugerimos a seguinte simbologia e descrição:

▲ Sim   ● Às vezes   ▼ Não   ■ Não observado

Características físicas, mentais, sociais e emocionais		Bimestres			
		1º	2º	3º	4º
1.	Realiza as atividades com interesse.				
2.	Escolhe atividades.				
3.	Faz muitas perguntas.				
4.	Seu período de concentração é muito curto em relação ao das demais crianças.				
5.	Pronuncia as palavras com facilidade.				
6.	Gosta de brincar de faz de conta, imitar, dramatizar.				
7.	Segue instruções.				
8.	Mostra-se responsável com seus pertences.				
9.	Recusa-se a participar das brincadeiras em grupo.				
10.	Demonstra fadiga após quaisquer atividades.				
11.	Espera sua vez.				
12.	Manifesta timidez.				
13.	Dá recados com clareza.				
14.	Memoriza poesias, frases, canções.				
15.	Aceita mudanças na rotina.				
16.	Chora sem explicações evidentes ou com frequência.				
17.	Pede sempre ajuda.				
18.	Demonstra agressividade.				
19.	Rabisca e estraga trabalhos dos amigos.				
20.	Demonstra iniciativa para resolver seus problemas.				
21.	Revela segurança.				
22.	É bem aceita pelos colegas.				
23.	Demonstra dificuldade em ser organizada.				
24.	Partilha seus objetos com boa vontade.				
25.	Apresenta prontidão na aprendizagem.				
26.	É observadora.				
27.	Participa das avaliações orais.				